Yasuo Tianranqi Qiche Weixiu Guanli Peixun Jiaocai

压缩天然气汽车维修管理培训教材

王智维 主 编

严永安 副主编

人民交通出版社股份有限公司
China Communications Press Co.,Ltd.

内 容 提 要

本书分为七章,内容包括:天然气基本知识、天然气汽车基本知识、压缩天然气汽车专业知识、压缩天然气汽车专用装置维护设备简介、压缩天然气汽车气瓶的检查与评定、天然气汽车的正确使用、安全教育。

本书可作为天然气汽车改装和天然气汽车定点维修企业相关技术人员的培训教材,也可供新能源汽车相关从业人员参考阅读。

图书在版编目(CIP)数据

压缩天然气汽车维修管理培训教材/ 王智维主编.
—北京:人民交通出版社股份有限公司,2016.5

ISBN 978-7-114-12895-0

Ⅰ.①压… Ⅱ.①王… Ⅲ.①天然气—燃料—汽车—车辆修理—管理—技术培训—教材 Ⅳ.①U469.75

中国版本图书馆 CIP 数据核字(2016)第 057023 号

书　　名: 压缩天然气汽车维修管理培训教材
著 作 者: 王智维
责任编辑: 刘　洋
出版发行: 人民交通出版社股份有限公司
地　　址: (100011)北京市朝阳区安定门外外馆斜街 3 号
网　　址: http://www.ccpress.com.cn
销售电话: (010)59757973
总 经 销: 人民交通出版社股份有限公司发行部
经　　销: 各地新华书店
印　　刷: 北京市密东印刷有限公司
开　　本: 787×1092　1/16
印　　张: 8.25
字　　数: 130 千
版　　次: 2016 年 5 月　第 1 版
印　　次: 2016 年 5 月　第 1 次印刷
书　　号: ISBN 978-7-114-12895-0
定　　价: 20.00 元
(有印刷、装订质量问题的图书由本公司负责调换)

前　言

天然气汽车被称为清洁能源汽车，主要以压缩天然气（CNG）、液化天然气（LNG）、吸附天然气（ANG）为燃料。随着全球能源日趋紧张，生态环境日益恶化，清洁能源汽车的开发应用已成为各国汽车工业积极探索的焦点，汽车产品将向安全、节能、环保方向迈进。天然气汽车有四大好处：第一，天然气是清洁能源，可降低污染，减少雾霾，改善空气质量；第二，可增加天然气在一次能源使用中的比重，有利于改善一次能源结构；第三，天然气供给领域大，资源丰富，气源有保障；第四，由烧油改为烧气，对汽车设备的改动小、成本较低。车用压缩天然气的基本配置由储气系统、供气系统和控制系统组成，通过改装实现两用燃料、单燃料或双燃料汽车。随着产品质量和改装技术不断提高，基本能满足汽车原有的各项性能指标。目前，四川省在用 CNG 汽车 45 万余辆，CNG 充装站 274 座，《四川省压缩天然气汽车安全管理办法》（省政府令第 256 号）已于 2012 年 2 月 1 日起施行，对加气站安全管理、车辆安全管理、气瓶安全管理等有明确的规定和要求，对天然气汽车的推广应用，特别是对 CNG 汽车改装和 CNG 汽车专用装置实行定点维修提供了法规保障。

为了让天然气汽车改装和天然气汽车定点维修企业相关技术人员了解掌握天然气汽车的特点、结构、原理、常见故障的判断与排除方法等知识，规范维修操作行为，提高压缩天然气汽车维修技术水平，确保天然气汽车的安全运行，我们依据相关标准，结合改装、维修中的实践经验，并征求了四川省交通厅道路运输管理局、四川省清洁能源汽车产业协会、西华大学交通与汽车工程学院、绵阳市运管处及相关专家的意见，编写了《压缩天然气汽车维修管理培训教材》，供改装和维修人员参考和借鉴。

本书由四川省清洁能源汽车产业协会副理事长、高级工程师王智维担任主编，由绵阳市道协维修专委会专家组成员、高级实习指导教师严永安担任副主编。

鉴于编写时间仓促和天然气汽车相关资料有限，书中难免存在疏漏和不妥之处，敬请业内同行和使用者批评指正，以便在培训工作中不断修改完善和提高。编写过程中得到各级领导及专家们的大力支持，在此表示衷心的感谢。

编者

2016 年 1 月

目　　录

第一章　天然气基本知识

第一节　什么是天然气

天然气（Nature Gas，NG）是主要产生于油田、气田中的一种无色、无味的可燃气体，是由多种烃类物质和少量的其他成分组成的混合气态化石燃料。其中最主要的成分是甲烷（CH_4），还有少量乙烷（C_2H_6）、丙烷（C_3H_8）、丁烷（C_4H_{10}）、硫化氢（H_2S）等。由于天然气中甲烷（CH_4）的含量在90%以上，所以天然气又称甲烷气。

第二节　天然气的发现与早期应用

在公元前6000年到公元前2000年间，伊朗首先发现了从地表渗出的天然气。许多早期的作家都曾描述过中东（特别是在今日阿塞拜疆的巴库地区）有原油（气）从地表渗出的现象。刚开始，渗出的天然气用作照明，崇拜火的古代波斯人因而有了“永不熄灭的火炬”。中国人最早利用天然气是在约公元前900年。国内第一口天然气气井出现在约公元前211年，据有关资料记载深度为150m（500ft），在今日重庆的西部。人们通过用竹竿不断的撞击来找到天然气，将其用作燃料来干燥岩盐。后来钻井深度达到1000m，至1900年全国已有超过1100口钻井。

直到1659年在英国发现了天然气，欧洲人才对它有所了解，然而它却并没有得到广泛应用。从1790年开始，以煤为原料加工制得的煤气成为欧洲街道和房屋照明的主要燃料。1821年在北美纽约弗洛德尼亚地区出现了对石油产品的第一次商用。他们通过一根小口径导管将天然气输送至用户，用于照明和烹调。

第三节　天然气的理化特性

（1）密度：通常状态下，天然气的密度约相当于空气的60%。由于天然气的密度远远小于空气，气体一旦泄漏，将向上移动，扩散到空气中。基于这一点，天然气的安全性优于汽油、柴油等燃料。

（2）热值：理论上每立方米天然气的混合气热值要比汽油混合气低。天然气完全燃烧时，需要大量的空气助燃。$1m^3$ 天然气完全燃烧大约需要 $9.52m^3$ 空气，热值约为 8500Cal（1Cal = 4.1868J）。

（3）状态、沸点：在常温常压下，天然气是一种气态物质，当温度不大于 -162℃时，天然气将转变成液态，以液态形式存在（液态和气态的容积比大约为 1:625）。

（4）颜色、味道和毒性：在原始状态下，天然气是没有颜色、味道和毒性的物质。基于安全的原因，在生产过程中国家相关法规规定民用天然气必须加入加臭剂，以便泄漏的燃气在达到其爆炸下限 5% 时，即被察觉。天然气本身无毒，如果天然气不完全燃烧，就会产生有毒的一氧化碳（CO），反应方程式为 $2CH_4 + 3O_2 \xrightarrow{点燃} 2CO + 4H_2O$，最终可能导致使用者天然气中毒。一般来说天然气中毒是指人缺氧和一氧化碳中毒的综合表现。

（5）混合气发火界限宽：天然气与空气混合后具有很宽的发火界限，可在大范围内改变混合比，提供不同成分的混合气（可被点燃的混合气浓度范围的上限和下限，是燃料点火极限的上限和下限）。甲烷在空气中的爆炸极限为：下限 5%；上限 15%。在封闭空间内，天然气与空气混合后易燃、易爆，当空气中的天然气浓度达到 5% ~15% 时，遇到明火就会爆炸，因而一定要防止泄漏。

（6）自燃温度：汽油的自燃温度是 220 ~471℃，天然气的自燃温度是 630 ~730℃。自燃温度越高表明天然气的安全性能好。

（7）抗爆性：汽油的辛烷值（MON）一般为 81 ~89，天然气辛烷值为 115 ~130，比汽油高 30%，因而天然气具有较高的抗爆燃性能。

（8）带电性：天然气经压缩成高压后，一旦从管口或容器破裂处高速喷出时易产生静电，引发燃烧或爆炸事故。

（9）腐蚀性：由于天然气含有硫化氢（H_2S）和水分，当硫化氢与水溶解时会生成氢硫酸，对钢瓶有一定的腐蚀作用。所以随着使用时间的增加，钢瓶腐蚀会越大。

第四节　天然气的用途

天然气用途广泛，不仅大量用于发电、化工、冶金、采石等行业，也用于民用及商业燃气、采暖及制冷，还可用于废料焚烧及干燥脱水处理。

以天然气为燃料的燃气轮机发电厂的废物排放水平大大低于燃煤与燃油电厂，而且发电效率高，建设成本低，建设速度快；另外，燃气轮机启停速度快，调峰能力强，耗水量少，占地又省。

以天然气为原料的化工一次加工产品主要有合成氨、甲醇、炭黑等近20个品种，经二次或三次加工后的重要化工产品有甲醛、醋酸、碳酸二甲酯等50个品种以上。使用天然气为原料的化工生产装置投资省、能耗低、占地少、人员少、环保性好、运营成本低。

近几十年，天然气被用作汽车的燃料来替代汽油。和汽油相比，天然气是一种清洁能源，属于低碳燃料，具有明显的环保效益，温室气体减排效果好。它与同功率的传统化油器式汽油汽车相比，天然气汽车尾气中不含硫化物和铅，一氧化碳降低约80%，碳氢化合物降低约90%，氮氧化合物降低约40%，二氧化碳降低约30%，二氧化硫降低约90%。因此，许多国家已将发展天然气汽车作为减轻大气污染的重要手段。

第五节　压缩天然气(CNG)和液化天然气(LNG)

(1)压缩天然气(Compressed Natural Gas,CNG)是将天然气经过脱水、过滤、除尘、脱硫，再增压(超过20MPa)并以气态储存在容器中。它与管道天然气的组分相同。CNG可以直接作为车辆燃料使用。

(2)液化天然气(Liquefied Natural Gas,LNG)。天然气经脱酸、脱硫后，在一个标准大气压下，被冷却至－162℃以下时，将气态变成液态，即LNG。LNG无色、无味，无毒且无腐蚀性，其体积约为同量气态天然气的1/625，质量仅为同体积水的45%左右。

液化天然气(LNG)具有以下理化特性：

①LNG的密度，液态密度：0.425t/m^3 气态密度：0.718kg/m^3；

②1kgLNG汽化后约为1.4m^3天然气；

③LNG常用的计量单位为kg(公斤)或Nm^3(标方)；

④LNG常压下沸点约为－162.5℃，熔点为－182℃；

⑤LNG的体积膨胀比约为625倍；

⑥LNG不能加臭，必须用专用仪器检漏；

⑦LNG为液态存储；

⑧LNG具有天然气的易燃易爆特性，爆炸范围：上限15%，下限5%(体积百分比)；

⑨LNG着火温度随组分的变化而变化，重烃含量的增加使着火温度降低，纯甲烷着火温度为650℃；

⑩CNG的体积能量密度约为汽油的26%，而LNG体积能量密度约为汽油的

72%，是压缩天然气(CNG)的两倍多，因而使用LNG的汽车续驶里程远，相对可大大减少汽车加气站的建设数量。

第六节　有关名词解释

(1)燃点：燃点又称着火点，是指将物质在空气中加热时，开始并持续燃烧不少于5s的最低温度。燃点表明其发生爆炸或火灾的可能性的大小，对运输、储存和使用的安全有极大关系。

目前广泛使用的液化石油气的燃点是490℃；天然气燃点是650℃；煤气的燃点是500℃。

(2)抗爆性：燃料的抗爆性是指燃料在发动机汽缸内被点燃，燃烧时避免产生爆震的能力，即抗自燃能力，是燃料的一个重要指标。燃料的抗爆性用辛烷值表示，辛烷值越大表示抗爆性越好。

(3)闪点：是指石油产品在规定结构的容器中受热挥发出可燃气体与液面附近的空气混合，达到一定浓度时可被火星点燃时的最低温度。

(4)自燃点：油品受热至一定程度时，没有受到外来火源作用，靠自热或外热就能自行发生持续燃烧的最低温度。

(5)燃烧：是物质快速氧化，产生光和热的过程。燃烧必需三种要素并存才能发生，分别是可燃物(如天然气)、助燃物(如氧气或空气)及温度要达到燃点。

(6)爆炸：在极短时间内，物质从一种状态迅速转变成另一种状态，释放出大量能量，产生高温并放出大量气体，同时产生巨大声响的剧烈化学反应。

(7)爆炸极限：可燃气体或液体蒸气与空气或氧气混合后，在某一浓度范围内，遇到火源将引起爆炸，此浓度范围称为混合气体的爆炸浓度极限，简称爆炸极限，通常用体积百分数表示。其中遇火源发生爆炸的最低浓度称为爆炸下限，而能够发生爆炸的最高浓度称为爆炸上限。

(8)静电：两种不同的物体(包括固体、液体、气体)接触后再分离(即摩擦)将会产生相对于观察者是静止的电荷，称为静电。有些情况下不摩擦也能产生静电，如感应静电起电，热电和压电起电、亥姆霍兹层(电化学双层)、喷射起电等。

第二章　天然气汽车基本知识

第一节　天然气汽车的分类

天然气汽车是以天然气为燃料的一种气体燃料汽车。一般按照车载天然气的储存形态和燃料使用的方式进行分类。

1. 按车载天然气的储存形态分类

(1)压缩天然气汽车(Compression Natural Gas Vehicle,CNGV):是指将储存在车载高压(一般为20MPa)气瓶内的气态天然气作为燃料的汽车。

目前车用CNG主要来源于CNG加气站。加气站直接接收天然气管网中的0.3～0.8MPa低压天然气,将其升压到25MPa,然后储存到储气井组或储气罐组内,再由CNG加气机向汽车气瓶加注。汽车气瓶中的高压CNG经过减压装置减压并与空气混合后才能进入发动机汽缸燃烧做功。

(2)液化天然气汽车(Liquefied Natural Gas Vehicle,LNGV):是指将储存在低温(一般为－162℃)绝热储存罐内的液化天然气作为燃料的汽车。

天然气液化工艺较为复杂,一般要经过常温加压、换热降温、常温膨胀、低温换热及制冷等多道工序。汽车加注的LNG要通过汽化装置汽化为0.5MPa左右的气体后,才能与空气混合后进入发动机汽缸燃烧做功。

(3)吸附天然气汽车(Adsorbed Natural Gas Vehicle,ANGV):是指利用吸附材料对天然气的吸附效应,以吸附状态储存在其载体中作为燃料的汽车。

吸附天然气技术:是在储罐中装入高比表面的天然气吸附材料,利用其巨大的表面积和丰富的微孔结构,在常温、中压(6MPa)下将天然气吸附储存。其最大的优点是在低压(3.5～6MPa)下,即可获得近于高压下(20MPa)的储存能量密度。当储罐压力高于外界压力时,气体从吸附材料表面脱附而出,进行供气;当储罐压力低于外界压力时,所加气体吸附在材料微孔表面上储存。

2. 按燃料使用方式分类

(1)单燃料汽车:仅使用CNG或LNG中的任何一种燃料的汽车。单燃料汽车在燃料供应系统、工作循环参数、配气机构参数等方面,一般都针对 CNG 或 LNG 的混合特性进行了专门设计,因此燃烧热效率高,动力性、经济性好。

(2)两用燃料汽车:有两套燃料供应系统,一套供给天然气,另一套供给油料。可分别使用油或气两种燃料,但不可同时向汽缸供给两种燃料,即不可混烧。动力性、经济性相比单燃料汽车略差。

(3)双燃料汽车:有两套燃料供应系统,一套供给天然气,另一套供给油料。两套燃料系统按预定的配比同时向燃烧室供给燃料,在缸内混合燃烧的汽车。如柴油/压缩天然气双燃料汽车,柴油/液化石油气双燃料汽车。

第二节　天然气汽车的优缺点

天然气汽车与燃油汽车相比较,其优势主要体现在以下三个方面:

(1)天然气是汽车的优质清洁燃料。在所有的清洁燃料中,天然气以其应用技术成熟、安全可靠、经济可行,而被世界许多国家和专家视为目前最适宜的汽车替代燃料。汽车使用天然气作为动力燃料,与使用含铅汽油相比,其尾气排放中碳氢化合物减少 72%,氮氧化合物减少 39%,一氧化碳减少 90%,CNG 含硫化物极低,LNG 不含硫化物,LNG 产生的 PM2.5 下降 97%,苯铅几乎降为零,发动机产生的噪声降低 40%。因此,推广使用天然气汽车,对减少大气污染、改善环境将会起到积极的推动作用。

(2)天然气汽车有显著的经济效益。与燃油汽车相比,使用天然气可极大降低汽车营运成本。1m^3 天然气相当于 1.1 ~ 1.3L 汽油,但目前天然气的价格比汽油和柴油要低得多,燃料费用可节省 50% 左右。按当前的油气价格,根据测算,重型车中的大型客车与重型货车,每年可分别节省 7.7 万元、12.8 万元;轻型车中营运的出租车与轻型货车,每年可分别节省 3.7 万元与 2.2 万元,经济效益均十分显著。对普通家用轿车而言,每年 2 万 km 的路程可节省约 7000 元,里程越长节省越多。由此,天然气汽车适宜在营运汽车领域广泛应用。

天然气汽车与燃油汽车的经济效益比较见表 2-1。

天然气汽车与燃油汽车的经济效益比较　　表 2-1

项　目	重　型　车				轻　型　车					
	大型客车		重型货车		出租车		轻型货车		家用轿车	
燃料	柴油	LNG	柴油	LNG	汽油	CNG	柴油	CNG	汽油	CNG
燃料单价	7.5 元/L	4.5 元/m^3	7.5 元/L	4.5 元/m^3	8 元/L	4.5 元/m^3	7.5 元/L	4.5 元/m^3	8 元/L	4.5 元/m^3
百公里消耗	30L	33m^3	50L	55m^3	10L	9.5m^3	11L	12.1m^3	10L	9.5m^3
每千米费用(元)	2.3	1.5	3.8	2.5	0.8	0.4	0.8	0.5	0.8	0.4

续上表

项　　目	重　型　车				轻　型　车					
	大型客车		重型货车		出租车		轻型货车		家用轿车	
每年里程（万 km）	10	10	10	10	10	10	8	8	2	2
年燃料费用（万元）	22.5	14.9	37.5	24.8	8	4.3	6.6	4.4	1.6	0.9
节约费用（万元）	7.7		12.8		3.7		2.2		0.7	
节约比例（%）	34.00		34.00		46.40		34.00		46.40	

注：根据 1L 柴油 = 1.1Nm^3 天然气，1L 汽油 = 0.95Nm^3 天然气换算。

与燃油汽车相比，天然气汽车还可大幅减少维修费用。汽车发动机以 CNG 为燃料，发动机运行平稳，噪声低，无重烃可减少积炭，可延长汽车大修时间 20% 以上，润滑油更换周期延长到 15000km。

（3）天然气汽车安全性能好。与汽油相比，天然气本身就是比较安全的燃料，表现在：

①燃点高。天然气燃点在 650℃以上，比汽油燃点 427℃高出 223℃，所以与汽油相比不易点燃。

②密度低。与空气的相对密度约 0.6，天然气泄漏后，会很快在空气中散发，一般不容易形成遇火燃烧的浓度。

③高压天然气释放过程是一个吸热过程。当压缩天然气从容器或管路中泄漏时，泄孔周围会迅速形成一个低温区，使天然气起火自燃困难。

另外，国家技术法规对天然气汽车所用的配件安全性制定了严格的技术要求，表现在：

①国家颁布有严格的天然气汽车技术标准。从加气站设计、储气瓶生产、改装部件制造到安装调试等，每个环节都形成了严格的技术标准。

②设计上考虑了严密的安全保障措施。对高压系统使用的零部件，安全系数均选用 1.5 ~ 4 以上，在减压调节器、储气瓶上安装有安全阀，在控制系统中安装有紧急断气装置。

③储气瓶出厂前要进行特殊检验。气瓶经常规检验后，还需充气作火烧、爆炸、坠落、枪击等试验，合格后，方能出厂使用。

当然，天然气汽车也有它的缺点，主要表现在以下两点：

（1）天然气汽车动力性较同型号汽油车略低。燃料在汽缸内燃烧所产生的热量主要取决于混合气的热值。虽然甲烷的热值比汽油略高，但单位体积的天然气混合气热值比汽油雾化混合气热值低 12% 左右。大负荷工作时汽油与空气混合气的过量空气系数为0.8～0.9，而天然气与空气的混合气（目前天然气供气系统、加浓系统不完善，尚不能完全满足大负荷加浓的要求）提供的过量空气系数略大于1，从而导致相同工况下燃用天然气时的混合气热值进一步减小，这是导致燃油发动机在油改气后动力性普遍降低的主要原因。

另外，燃油发动机在油改气后，由于发动机结构参数未能随着天然气特性参数做适应性调整，就不能充分发挥出天然气燃料的优良特性，例如将汽油车改为两用燃料汽车时，需加装一个引入气体燃料的混合器，则在进气管路中增加了进气阻力，使得进气压力降低并使充气效率下降。这些因素导致发动机输出功率比燃油时下降9%～15%，输出转矩比燃油时下降4%～10%，总的动力性能下降了5%～15%。

目前，许多汽车发动机生产厂家已经研发生产天然气专用发动机。这类发动机专门为燃气设计，各项参数均随天然气特性做了调整，其动力性能基本不低于燃油发动机。对于油改气的燃油发动机而言，若能专门为其设计合适的混合器，优化其发动机结构参数如提高点火提前角、降低进气温度、增加汽缸充量、大负荷优化加浓混合气，并采取电控进气法等措施，油改气发动机的动力性能也能获得一定程度的提高，甚至可以接近或达到燃油时的动力水平。

（2）天然气汽车初期投资成本较高。将一台普通汽油汽车改装为压缩天然气汽车的一次性投资较大。就目前绵阳地区来看，将汽油发动机改为普通单点喷射并加装70L的气瓶，需要6000元左右，若改为直喷多点式则需要9000元左右。气瓶容积越大，费用越高。气瓶容积的大小取决于车辆的整备质量，国家标准严格规定改装后加装的质量不超过原车整备质量的5%。对于液化天然气汽车来说，一是液化天然气汽车生产成本较高，许多汽车零部件均是特殊工艺制作，一台LNG发动机成本比汽油发动机要高20%以上；二是LNG生产成本较高，天然气通过深度冷却到－162℃时，液化为液体，此深冷过程要比生产相当规模的CNG能耗高一倍左右；三是目前国内LNG液化工厂均较偏远，一般采取陆地长途运输，运输费用比天然气管输费用高。

第三节　国内外天然气汽车应用发展状况

1. 国外天然气汽车的发展情况

近几年天然气汽车的年增长率超过30%，据世界燃气汽车协会的统计，截至2015年，在政策的鼓励下，全世界天然气汽车总量已达2233万辆，加气站26629座。全世界有80多个国家使用NGV，其中排名前6位的国家共有NGV1480万辆（不含中国），加气站10957座。其中伊朗400万辆、巴基斯坦370万辆、阿根廷

270 万辆、印度 180 万辆、巴西 178 万辆、意大利 88 万辆。

另据媒体报道，加拿大、新西兰、阿根廷、荷兰、法国等国家正在积极执行汽车燃料向天然气转化的国家计划，并在价格、税收、收费标准、信贷方面制定了行业标准和法规。荷兰的整个汽车运输业，50% 的汽车已经采用了天然气燃料；维也纳 95% 和丹麦 87% 的公共汽车均为 NGV。西欧许多国家为了鼓励发展 NGV，在税收上给以优惠，减税差额德国达到 50%，荷兰达到 70%，平均达到 50%；除此之外，对改装为 NGV 的车主，从改装之日起可免税 3 年。独联体国家主要的鼓励政策是价格优惠。俄罗斯、乌克兰等都规定天然气的价格不高于汽油的 50%（相同油当量）；亚美尼亚的天然气价格略高，为柴油的 61%、汽油的 53%。澳大利亚政府对新购置燃气汽车的发动机、关键零部件和整车产品给车主每辆车补助 1000 澳元，对从燃油改为燃气的私家车政府补贴 2000 澳元。巴基斯坦对加气站设备给予免税优惠。

各国发展 NGV 背景和路线不同，政策做法也有差异，但有共同的规律可循，主要有以下几种情况：

（1）天然气进口免关税；

（2）天然气加气站建设给予政府财政补贴；

（3）控制天然气价格，使天然气价格与燃油价格的比价具有绝对比价优势；

（4）政府和公务系统用车强制使用天然气汽车；

（5）免收天然气销售税；

（6）通过立法和建立天然气标准体系推广天然气的应用；

（7）免征天然气增值税；

（8）对于燃油汽车改用天然气汽车给予政府补贴。

2. 我国天然气汽车的发展情况

我国大力实施节能减排和替代新能源的政策，有力地推动了天然气汽车的普及与应用，天然气汽车保有量逐年大幅度增加。目前已有 20 多个省市 100 多个城市推广天然气汽车。从 2000 年的不足 1 万辆，经过 15 年的不断努力发展到目前已接近 500 万辆，加气站 7400 座。特别是山东、新疆、四川、河北、内蒙古、宁夏、甘肃等省天然气汽车及加气站建设发展最快。

1960 年国家科委制定的“全国天然气汽车综合利用规划”，拉开了研发天然气汽车的序幕。同年 3 月，原一机部汽车研究所在四川自贡筹建汽研三站，专业从事天然气汽车的试验工作。1962 年 4 月，国家科委正式下达“压缩天然气汽车”科研项目。该项目历时三年、进行了全套发动机台架试验和 25000km 的道路试验，并通过了成果鉴定。在自贡部分客货车上进行短期的推广（顶置气包车）。此次的科研成果开启了中国及亚洲天然气汽车的先河，也比亚洲其他国家早 20

年。但因文化大革命而中断了这项工作。

20年后，国内第一个专业从事CNG汽车研究的科研机构——自贡市天然气汽车研究所挂牌成立。1989年，全国第一个使用国产设备的CNG加气站在自贡荣县投产，同年，四川石油管理局川中油气矿从澳大利亚进口CNG压缩机，从新西兰进口售气机并完成了包括车辆改装、场站建设、人员培训等科目的引进工程。在南充建成一家CNG充气站，取名“南充CNG示范站”，该站的建成向全世界昭示了中国在发展车用清洁燃料上走出了第一步，也对我国CNG汽车起到带动、推广和示范的作用，具有里程碑式的意义。我国是贫油富气的国家，发展天然气作为汽车的替代燃料，在能源安全方面更具有特殊的意义。尤其是在四川，汽油全靠省外运入，而天然气的产量丰富，天然气网管建设居全国之首，用天然气作为替代燃料，发展天然气汽车和CNG加气站具有得天独厚的条件，具有十分广阔的发展前景。

20世纪90年代，除继续研发CNG压缩机外，还不断开发CNG汽车燃气装置。同时国家相继发布《天然气汽车改装操作规程》《天然气汽车改装工艺要求》以及气瓶生产，改装部件生产等相关标准，天然气汽车改装业务全面推开。该时段主要在汽油车上进行改装，主要用于短途客车和公交汽车。

1999年，我国政府开始大力发展燃气汽车，由国家科技部、发改委、环保总局等13个部委局出台了《关于实施“空气净化工程——清洁汽车行动”的若干意见》，正式提出了中国大力发展燃气汽车的政策导向。从1999年起，由于科学技术的快速发展，CNG汽车采用将天然气压缩至20MPa进行气瓶储气。储气方式的改进，占用空间小，储气量大，开启了各种客货车及轿车采用天然气作为替代燃料的新时代。同时确保除对已生产的在用汽车改装外，还确定了长春一汽、湖北二汽、上海大众、重庆长安、天津夏利等五家大型整车厂生产燃气汽车。

21世纪初，天然气汽车发展进一步加快，特别是整车生产已从油/气两用燃料汽车向单燃料汽车过渡。大量中巴车、大客车、旅游客车、城市公交车已采用单一燃气。燃气品种也不断丰富，对天然气、石油液化气、压缩天然气、液化天然气充分净化，减少杂质，保证气源质量。对在用汽车的改装，由于燃气装置标准不断提高，改装后的效果更好，并由原来的两用燃料化油器式发动机、单点吸气发动机向多点顺序电喷发动机发展，其动力性、经济性、安全稳定性大大提高。特别是汽车尾气对环境的影响大大降低，既解决了能源代替问题又具有很好的环保效益和显著的经济效益。

节能减排是我国今后较长时期的一项重要工作。宏观政策环境必将更加有利于天然气汽车的发展，加之我国天然气汽车在技术和产业方面都已形成较好基础，同时也积累了宝贵的推广经验，具有一定特色和优势，能够为天然气汽车产业化发展提供有力支撑。“十二五”期间，我国天然气汽车发展迅速，用天然气燃料将大步进军车用燃料市场，大、中城市的出租车、公交车、农村客运班车及部分私家车等都选择天然气燃料，另外重卡船舶、火车的 LNG 应用将开始起步，加气站设备市场将是“十三五”天然气汽车发展热点。

国家发改委的《天然气利用政策》和《能源发展战略行动计划（2015—2020）》都提到要加快发展天然气汽车，扩大交通燃油替代规模，并首次提出“稳妥发展天然气家庭轿车、城际客车、重型货车和船舶”。加之天然气汽车与传统汽柴油车相比，更易达到国 5 排放标准，这将激发车企研发应用天然气汽车的热情，所以发展前景看好。

第四节　天然气汽车市场情况

目前，市场上主流的天然气汽车可以分为两类，CNG 汽车和 LNG 汽车。车用天然气路线主要是两条，LNG（液化天然气）路线和 CNG（压缩天然气）路线。根据资料收集，CNG 和 LNG 存在以下不同：

（1）CNG 的压缩比例低于 LNG，即单位体积的密度仅为 LNG 的 1/3。因此如果作为车用燃料，适用于市内交通的出租车和对体积要求不敏感的公交车。

（2）CNG 车辆改造投资低于 LNG，但 CNG 的加注站投资高于 LNG。由于 LNG 需要全程的低温储运，因此各类部件的制造难度更大。而 CNG 加气站则是常温高压，仅仅需要加一些加压系统。但一般的 CNG 家用汽车的改装成本仅为 6000 元左右。而 LNG 重型货车的成本较普通重型货车的成本高达 5 万～6 万元。

（3）CNG 无法大规模长距离运输，往往是基于城市管网供应，LNG 可以车载长途运输，在气源多元化的时代中，上游来源更加灵活。特别是在国内的管网尚未完全开放的情况下，这点尤其重要。

（4）车用的 CNG 价格受到国家价格管制。因此气源有一定的保障。在这个前提下，盈利将十分稳定。而 LNG 已经形成了国内国外的一个交易市场，受国际 LNG 价格影响较大。

（5）用 LNG 做汽车燃料，其尾气中的二氧化碳含量比使用柴油燃料降低 30% 左右，符合国Ⅳ标准，更有利于环保。相对于 CNG，硫化物和碳排放也显著降低。

（6）LNG 采用低压储存，比 CNG 在汽车上使用更安全。

LNG 和 CNG 在不同的区域和领域都将有所发展：LNG 主力市场在于重型货车和长途运行的车辆；CNG 受制于管道气和安全性，将在现有的基础上有所扩展，但是主要领域仍然是城市出租车和公交汽车。

重型车 OEM（OEM：定牌生产或贴牌生产）市场已经启动，未来将持续、快速增长:因为重型柴油机改天然气成本较高、技术性较强,当前重型货车与大中型客车两块主要市场均已是 OEM 为主。根据主要重型货车企业的信息,预计 2012 年 LNG 重型货车销量可达 1.3 万辆,销量增速可达 160%,远超重型货车行业整体表现。客车方面,预计全年天然气客车销量可达 1.2 万辆,同比增速约为 38%,同样超过行业整体水平。即使油价不再上涨,随着气源与加气站的普及,未来天然气大型汽车的销量可能将持续、快速增加。轻型汽车仍以出租车改装为主,OEM 市场前景广阔:除前文提到的气源与加气站限制外,国内诸多地区乘用车油改气仍被资质困扰,如华东地区只有出租车拥有油改气的资质,私家车改装后尚不能在车管所登记。目前来看,对出租车驾驶人仍十分有吸引力,改装量亦随着加气站普及而持续增加。更为重要的是,随着加气站的普及与整车厂研发的加速,乘用车 OEM 正在市场启动。

截至 2011 年年底,轿车、货车天然气汽车市场份额如图 2-1 所示。

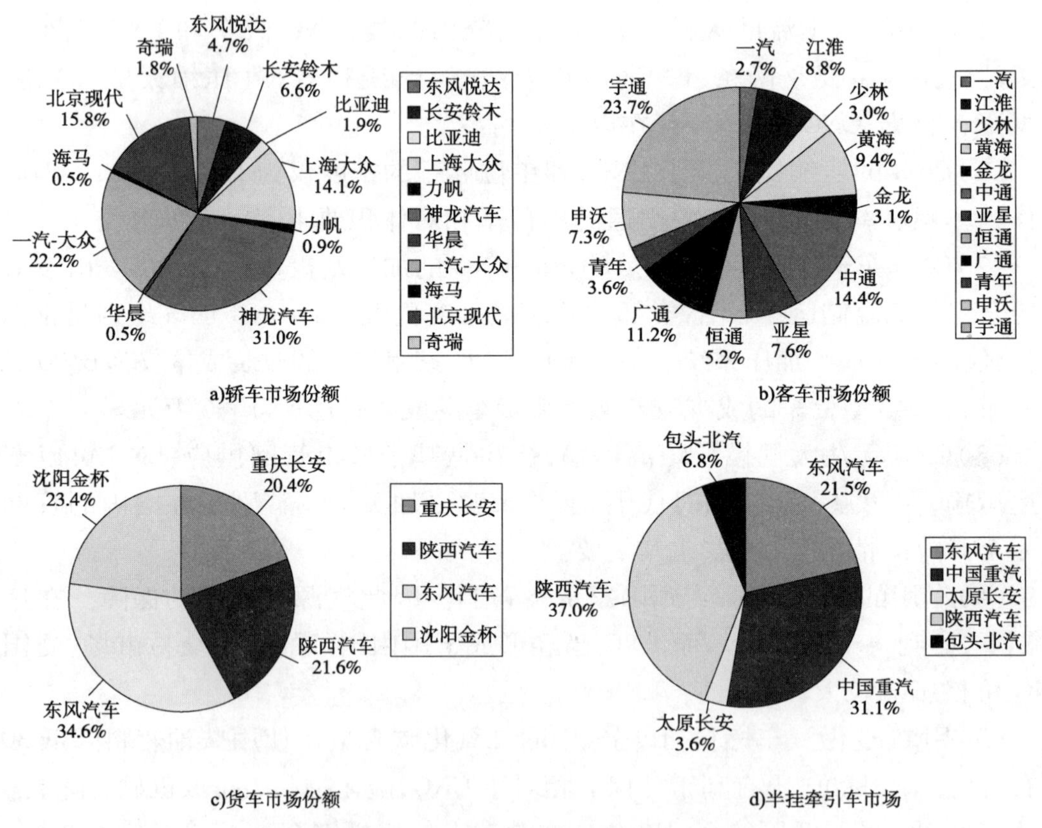

图 2-1 截至 2011 年年底轿车、货车天然气汽车市场份额

第五节 天然气发动机技术发展趋势

燃气发动机大多为点燃式燃烧:天然气在常压下的着火温度为 650℃,高于

柴油与汽油，表明其比柴油与汽油更难着火燃烧。而十六烷值又远低于柴油，天然气发动机不能采用压燃燃烧。当前 LNG 与 CNG 的发动机多为与汽油发动机类似的火花塞点燃式燃烧。汽油发动机经历了“化油器—多点顺序喷射—缸内直喷”三个发展历程，单燃料天然气发动机的发展基本遵循汽油机路径，因天然气性能特征决定其仍不能实现缸内直喷，故多点顺序气道喷射是目前天然气发动机的主流技术。

天然气、柴油、汽油的理化参数比较见表 2-2。

天然气、柴油、汽油的理化参数比较　　表 2-2

参数指标		天然气	汽油	柴油
理论空燃比	质量比	17.25	14.8	14.3
	体积比	9.52	8.59	9.42
低热值(MJ/kg)		50.05	43.9	42.5
混合气热值(MJ/m³)		3.39	3.73～3.83	3.79
辛烷值(RON)		130	80～90	20～30
十六烷值		<10	14	45～65
着火极限(%)		5～15.1	1.3～7.6	1.5～8.2
着火温度(常压)(℃)		650	390～420	230

LNG 汽车与 CNG 汽车的差异主要在燃料储存和供给系统，CNG 出高压储气罐后需要减压，而 LNG 出低温储气罐后需要升温汽化，当 CNG 通过自己系统的减压调节器，LNG 通过自己系统的汽化器和减压调节器，降至规定压力范围后，进入发动机进气混合器时，LNG 与 CNG 都成了一样的常温低压天然气，主要成分及理化指标相同，进入发动机后，都是点燃式燃烧，所以 LNG 与 CNG 发动机的缸内燃烧系统构造一样，可以互换使用，如图 2-2、图 2-3 所示。

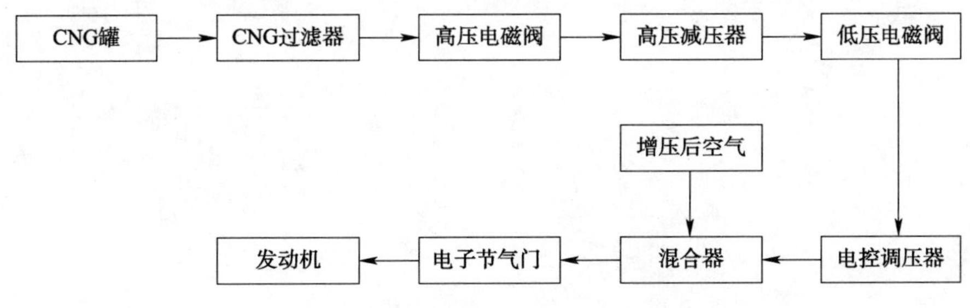

图 2-2　CNG 汽车供气系统

单燃料将是天然气商用车主流，乘用车则可单用、两用燃料并存：柴油（压燃式）与天然气（点燃式）在发动机汽缸内截然不同的燃烧方式，使两者在当前的技术水平下较难共存（商用车曾采用过混合燃烧的技术路径，但因技术还待完善而应用量较少），故从目前来看单燃料发动机将是商用车天然气发动机的主流路径。汽油与天然气的燃烧方式基本相同，故两者发动机构造较为类似；对天然气乘用车而言，其既可走与商用车相同的单燃料天然气发动机，也可实现天然气/汽油两用燃料路线，当前出租车的油改气技术即是两用燃料路线。

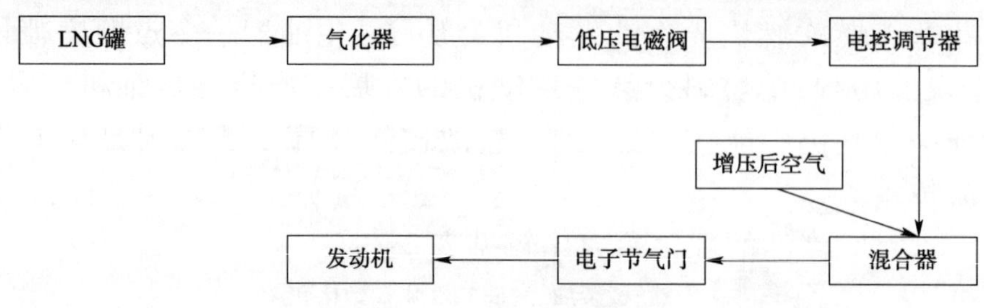

图 2-3　LNG 汽车供气系统

第三章　压缩天然气汽车专业知识

第一节　压缩天然气汽车的基本原理

压缩天然气汽车供气原理：当使用天然气作燃料时，气瓶内 20MPa 的压缩天然气经高压管道进入过滤网去除杂质后，通过减压调节器，逐级减压到常压状态，进入混合器与空气混合后，经节气门通道进入缸内燃烧，或经过减压调节后由 ECU 控制的喷轨分别直接进入进气道内。图 3-1 为一般轿车布置图，图 3-2、图 3-3 为单点和多点系统原理图。

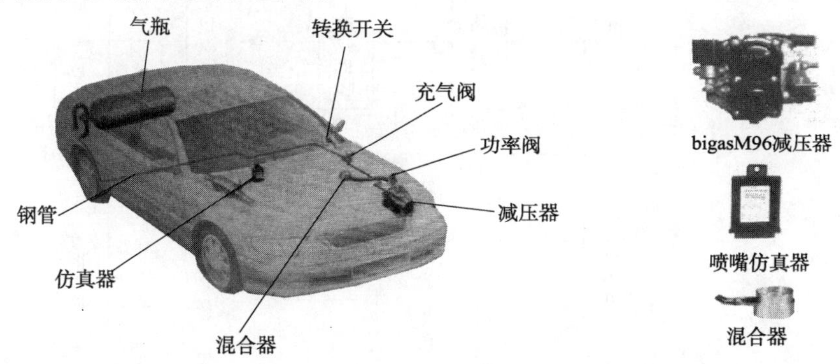

图 3-1　一般轿车布置图

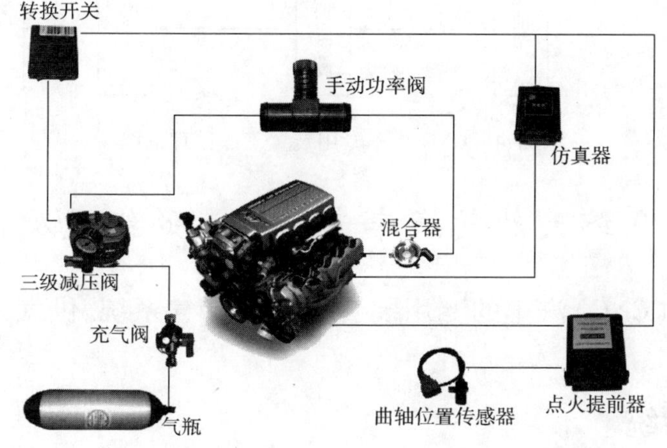

图 3-2　单点系统原理图

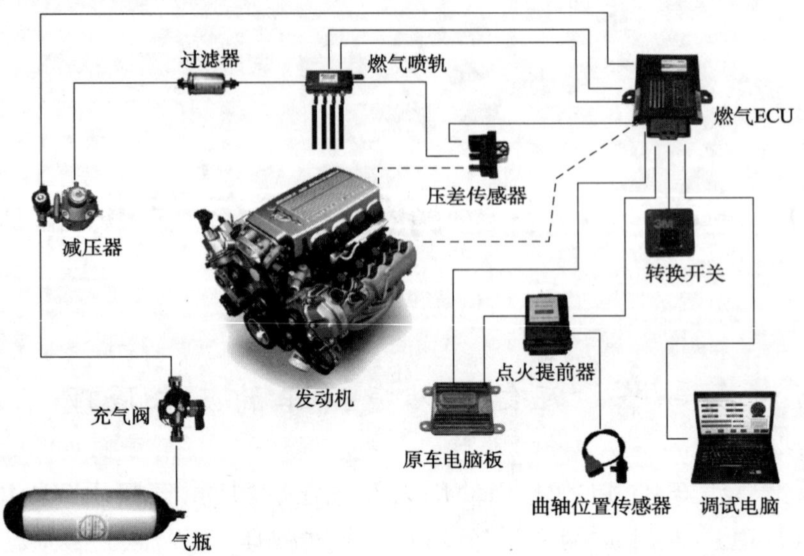

图 3-3　多点系统原理图

CNG 汽车专用装置工作原理框图如图 3-4 所示。

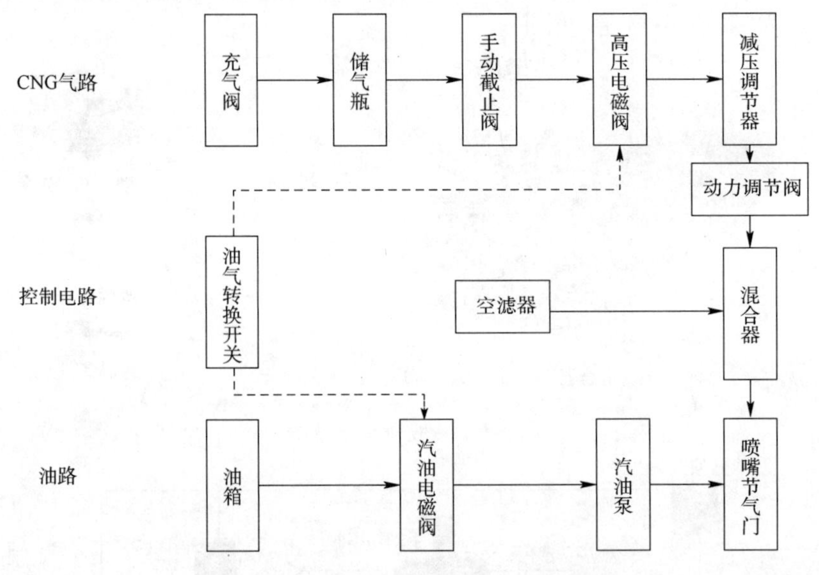

图 3-4　CNG 汽车专用装置工作原理框图

第二节　压缩天然气汽车专用装置的组成及作用原理

压缩天然气（CNG）汽车的专用装置主要由储气系统、供气系统和控制系统组成。

一、储气系统

储存压缩天然气的装置由气瓶、充气阀、高压电磁阀、截止阀、高压表及高压

管路组成。

1. 储气瓶及瓶阀

(1)储气瓶——是储存压缩天然气(CNG)的专用气瓶。

(2)气瓶的结构及分类。

①按外形结构分为:瓶体、瓶阀和安全泄压装置、瓶帽。

②根据材料不同可分为四种:钢质气瓶、钢质内胆环向缠绕气瓶、复合材料气瓶、铝质内胆环向缠绕气瓶。前两种为国内生产(图3-5、图3-6)。

图3-5　钢质气瓶

图3-6　钢质内胆环向缠绕气瓶

(3)主要参数:公称工作压力为20MPa,全气瓶水压试验33.4MPa,缠绕气瓶水压试验为30MPa。

(4)瓶阀及安全泄压装置。

①瓶阀:用于控制气瓶开启、关闭度大小。瓶阀分为两种:第一种是手动瓶阀,用手直接开启的瓶阀(图3-7、图3-8)。

图3-7　手动瓶阀

图3-8　手动瓶阀

第二种是电磁阀瓶阀,采用电磁线圈启动阀芯开关的瓶阀不能控制开闭度大小,只能起开关作用(图3-9)。

②安全泄压装置:在瓶阀上设有三种安全泄压装置,第一种是在瓶阀内装有

图 3-9　电动瓶阀

易熔合金以保护气瓶内压缩天然气的温度超过(100±5)℃,安全阀易熔合金即熔化,熔化后排气、防爆。第二种是防爆膜:瓶内压力达到公称工作压力的 1.66 倍时,防爆膜破裂即自动排气,确保安全。第三种是高压过流保护装置:一旦高压管路发生泄漏,该装置自动关闭,防止瓶内压缩天然气外漏。

(5)天然气与气瓶、瓶阀的相容性。由于天然气中含有烯烃、硫化氢、水等杂质,所选用的气瓶瓶阀应用具有耐腐蚀、不易发生相应化学反应的材料制成。

(6)气瓶的充装量。当天然气压力为 20MPa 时,一只 50L 水容积气瓶的充装量约为 $10m^3$ 的天然气。80L 的气瓶约可装 $16m^3$ 的天然气,即 5L 水容积大约可充装 $1m^3$ 压缩天然气,以此类推。严禁超压充装。

2. 充气阀

充气阀——是加气机与车用气瓶的接口阀。插销式充气阀:加气时抽出插销装上充气头充气,充完后充气枪泄压关闭截止阀,取出充气头,罩上防尘罩防止灰尘杂物进入(图 3-10、图 3-11)。

图 3-10　充气阀

图 3-11　充气阀

3. 高压电磁阀及高压截止阀

(1)高压电磁阀——采用电控式接通和截断天然气气路,起开关及保护作用(注:一体式连接在减压器上,分离式为单一电磁阀,安装在气瓶到减压器之间的气路中),如图 3-12 所示。

(2)手动高压截止阀——用手控方式来控制储气瓶到减压调节器之间气路的打开或关闭。一般用于多气瓶组合的车辆,如图 3-13 所示。

图 3-12　高压电磁阀

图 3-13　高压截止阀

4. 高压过滤器（滤网）

高压过滤器（滤网）是系统中初级过滤装置，公称工作压力为 20MPa，过滤精度为 10 ~ 15μm，主要过滤气瓶内流出的杂质，滤芯要定期清洗（每 1 万 km 更换）。

5. 高压表及传感器

高压表及传感器为燃料显示转换开关提供储气瓶内压力信号的装置（图 3-14、图 3-15）。使显示开关能正确的实时显示储气压力，间接指示出气瓶内大概剩余气量。

图 3-14　高压表及传感器

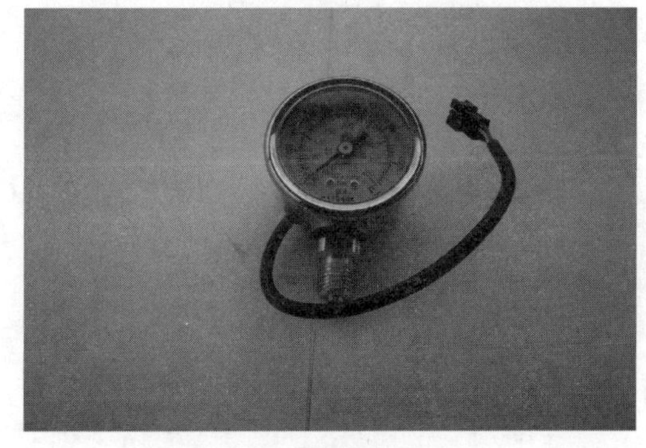

图 3-15　高压表及传感器

二、供气系统

将高压天然气通过多级减压与空气混合形成可供发动机燃烧的可燃混合气。由减压调节器、混合器、动力调节器组成。

1. 减压调节器

（1）减压调节器的外观（图 3-16、图 3-17）。减压调节器将 20MPa 的高压气经逐级减压至接近发动机工作压力满足发动机工作需要的稳定供气压力的装置。由减压阀、电磁阀、怠速调节装置和循环水加热通道组成。具有减压、恒压加热和供气量调节等功能。直喷式减压调节器为二级减压(图3-18),多用于多点喷射系统。

图3-16 减压调节器

图3-17 减压调节器

(2)二级减压调节器的工作原理(图3-18)。

二级减压调节器是正压减压器,用于多点直喷进气,利用喷轨对应各缸进气道上安装的燃气喷嘴,按点火顺序的要求控制燃气的供给。

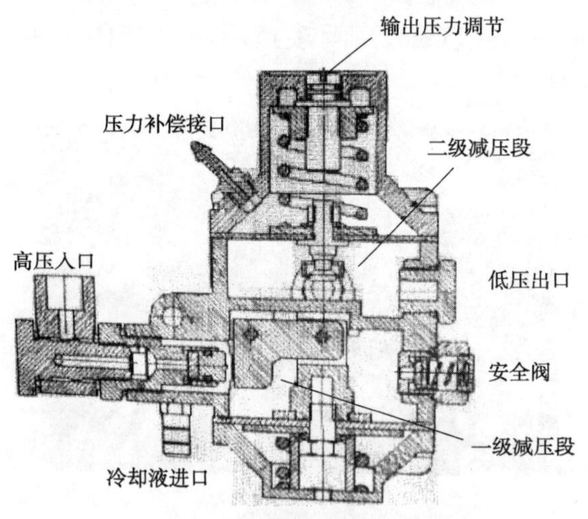

图3-18 二级减压工作原理

正压减压器为二级减压,由高压进气连接体、减压器壳体、一级减压盖、减压膜片、减压弹簧、一级杠杆及阀芯、二级减压盖、减压膜片、减压弹簧、二级杠杆、安全阀等组成。

其减压原理是:由储气瓶的高压气通过进气连接体靠自身的压力打开一级阀芯,从阀芯与阀座之间的缝隙(0.5~0.65mm)流入一级减压腔室,容积增大,压力减小,当气体流入的数量不断增加其压力也不断升高,达到一定值时(0.42~0.48MPa)一级膜片凸起并压缩一级减压弹簧,通过一级杠杆推动阀芯减小开度减少进气量。一级腔室的气体经过二级杠杆阀口进入二级腔室,也使一级腔室压力降低,膜片在一级弹簧力的作用下回位,一级阀芯缝隙加大,增加进气量;反之一级膜片凸起,杠杆带动一级阀芯使缝隙减小,这样反复循环达到减压的目的。

二级减压的原理是:由一级腔室的气流经二级杠杆阀口进入二级腔室,当气压超过一定值(0.13~0.32MPa)时,二级膜片凸起,压缩二级弹簧通过二级杠杆减小阀口开度减少进入二级腔室的气量,在二级弹簧力的作用下使膜片回正,保持该压力通过出气口供给喷轨进行供气,这样反复循环达到减压保压的目的。

(3)三级减压调节器的结构和工作原理(图3-19)。

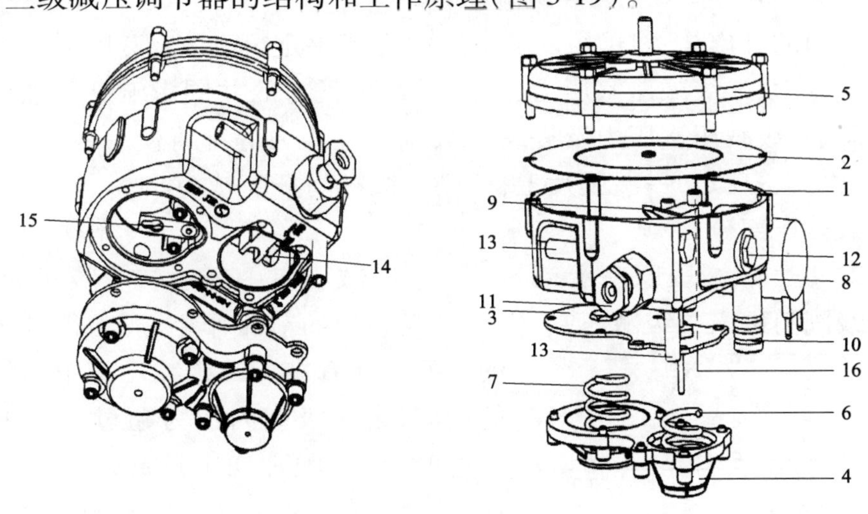

图3-19　三级减压调节器结构示意图

1-减压器壳体;2-三级膜片组;3-一、二级膜片组;4-一、二级盖板;5-三级盖板;6-一级主簧;7-二级主簧;8-电磁阀;9-三级杠杆组;10-三级出气接头;11-进气连接体;12-安全阀;13-暖水管接头;14-一级杠杆及阀芯;15-二级杠杆;16-三级杠杆调整螺钉(怠速调整)

减压阀的工作原理简而言之就是:减压,稳压。减压的原理是节流,气体流经活门与活门座之间的缝隙时,压力减小,达到减压的目的。稳压的原理是力的平衡,因为弹簧的行程是设定的,要达到平衡,出口腔的压力必须跟弹簧力平衡,当进口压力及流量变动时,利用弹簧力与出口腔的压力平衡保持出口压力基本不变。这是一个动平衡过程,并不是瞬间完成的。因为弹簧、活门等有一定的质量,在移动中与阀体等一些其他零件都有摩擦。

①一级减压部分。

图3-20是一级减压原理示意图。从储气瓶流出的CNG气体依靠自身的压力打开一级阀门,从一级阀门和阀座之间的缝隙流入一级减压室,在此过程中CNG气体的压力被大幅度降低。在一级减压室内壁上有许多挡片,CNG气体在流过它们时压力被进一步降低。随着一级减压室中气体数量不断增多,室内压力不断升高,当压力上升到一定值时,一级膜片向上凸起,压迫一级弹簧,通过一级圆柱又带动一级杠杆动作,使一级阀门开度减小,减少CNG气体的进入,随着一级减压室中的CNG气体不断进入二级减压阀室,一级减压室中的气压降低,当压力降至某一值时,在一级弹簧

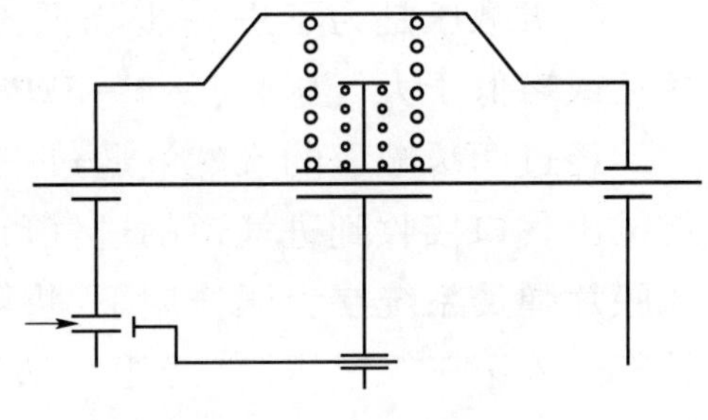

图3-20　一级减压原理

预紧力的作用下,压下一级膜片,通过一级圆柱又带动一级杠杆动作,使一级阀门开度增大,CNG 气体又流入一级减压室。

一级阀门的开启与关闭由一级膜片的位置决定,而一级膜片的位置又受到一级减压室压力、二级减压室压力、一级弹簧预紧力的共同影响。增加一级弹簧预紧力,降低一级减压室压力及提高二级减压室压力等都将使一级膜片下移,一级阀门开度加大;反之,一级膜片上移,则一级阀门开度减小。

②二级减压部分。

图 3-21 是二级减压原理示意图。在一级减压室中经过初步减压的 CNG 气体经过二级阀门进入二级减压室,由于二级阀门的节流作用,压力得到更进一步的降低。随着进入二级减压室中的气体数量的增多,当二级室内压力超过二级弹簧的预紧力时,二级膜片向上凸起,压迫二级弹簧,通过二级圆柱又带动二级杠杆动作,使二级阀门开度减小,减少了 CNG 气体的进入量。随着二级减压室中的 CNG 气体不断进入三级减压室,二级减压室中的气压降低,当压力小于二级弹簧预紧力时,在二级弹簧预紧力的作用下,二级膜片被压下,通过二级圆柱又带动二级杠杆动作,使二级阀门开度增大,进入二级减压室的 CNG 气体量又开始增多。二级阀门的开启与关闭由二级杠杆来控制,二级杠杆的动作由二级膜片位置决定,而二级膜片的位置由二级减压室压力、二级弹簧预紧力、三级减压室压力共同决定。

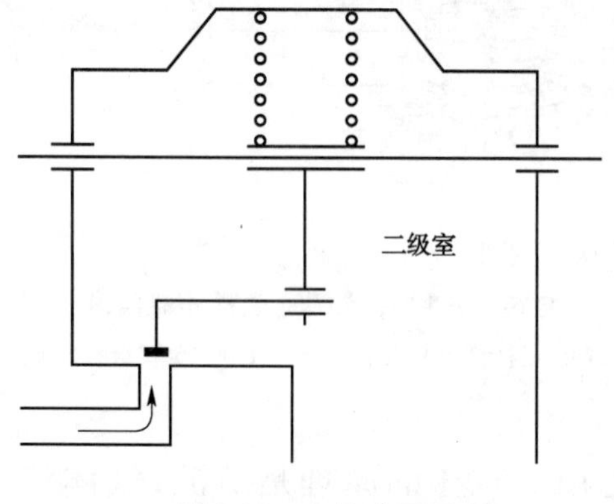

图 3-21　二级减压原理

③三级减压和怠速调整部分。

三级减压是为了进一步降低天然气的压力。经三级减压后,天然气的压力接近或略低于大气压。(−2 ~3kPa)图 3-22 是三级减压和怠速调整的原理图。

经过两级减压的天然气通过三级阀门进入三级减压室。当连接第三级减压腔的出气口接收到进气道的进气负压,吸走第三级减压腔的天然气后,第三级减压膜片弹簧系统在负压作用下,将第三级节流阀门开启,第二级减压腔的天然气补充进入第三级减压腔,经第三级减压腔的出气口进入混合器。三级阀门的开启和关闭受到三级杠杆的作用,而三级杠杆的动作又受到真空膜片的位置(由真空膜片弹簧预紧力、进气管真空度及三级减压室压力决定),三级膜片的位置(由三级减压室的压力、下盖室压力决定)、怠速调整螺钉及三级杠杆弹簧预紧力的共同作用。

怠速工况的调整是通过旋动怠速调节螺钉实现的。向下旋动(顺时针)调节螺钉，则推动压头使三级杠杆动作，减小三级阀门的开度，从而减小怠速工况天然气的供给量；反之，向外旋动（逆时针）则使三级阀门开度增大，增加怠速工况天然气的供给量。

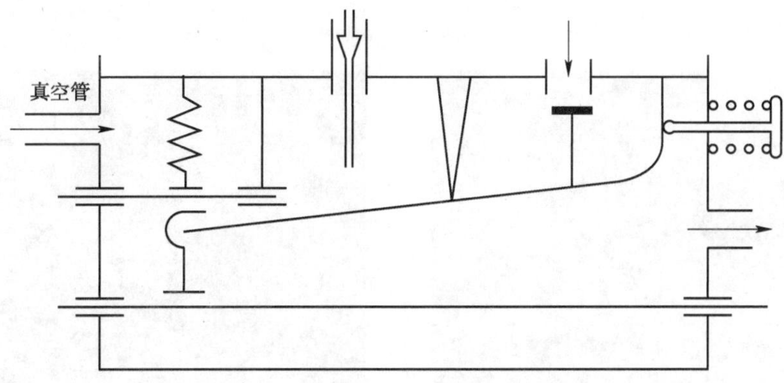

图 3-22　三级减压和怠速调整原理

2. 混合器

混合器主要功能是按混合比的要求调节空气与燃气的混合，形成可燃混合气，安装在节气门的上方。混合器分为两种：一种是比例式混合器（图 3-23）；另一种是文丘里式混合器（图 3-24）。

比例式混合器在任何工况下，始终向发动机提供最佳空燃比的可燃混合气。平时燃气阀门关闭，发动机工作时利用负压吸气打开阀门供气。具有熄火自动断气、回火保护、易起动、性能稳定、经济性好的特点。但外形结构大，安装布置不方便。

图 3-23　比例式混合器

图 3-24　文丘里式混合器

文丘里式混合器，结构简单、安装方便，属于开放式阀门，无闭锁功能。根据不同车型选配不同口径大小的混合器。

3. 动力调节器

动力调节器调节天然气进入混合器的进气量，改变混合比达到调节功率的作用(图3-25)。一般安装在减压调节器与混合器之间的低压管路上。用手动调节通过改变燃气通道的横截面积大小来控制,达到调整的目的。在闭环控制燃气供给系统中,还设有燃气ECU控制的能随发动机工况自动调节供气量的步进电动机型动力调节器(图3-26)。

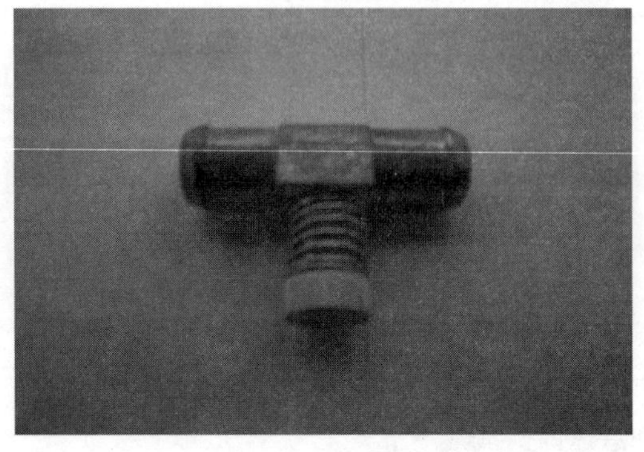

图3-25 功率调节器

图3-26 步进电动机型调节器

三、控制系统

根据发动机工况的需要,适时提供不同比例的可燃混合气。由油气转换开关、喷轨、电控单元、仿真器及点火提前器组成。

(1)油气转换开关:主要功能是油、气转换,气量显示,起动方式选择。红色按键为强制气起动,黑色按键为油气选择,起动时,均为油,起动后,达到设定转速2000r/min左右,自动改为气燃烧(图3-27、图3-28)。

图3-27 单点喷射油气转换开关

图3-28 多点喷射油气转换开关

(2)喷射阀及共轨:喷射嘴数量等同于汽缸数量,装于导轨内部,天然气经减压后流入导轨分流到达各喷嘴,喷嘴对应安装在进气歧管上进入汽缸。喷嘴的开启和关闭按点火顺序并受ECU电控单元的控制(图3-29)。

(3)燃气 ECU(电脑板):电控单元具有自诊断及自适应功能,在监测发动机工作状况后,根据车辆行驶要求提供合适的燃料供给装置,其工作温度为 -40 ~ 100℃(图 3-30)。

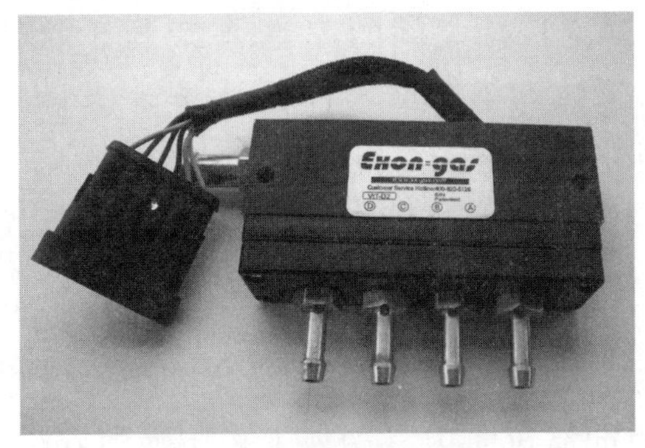

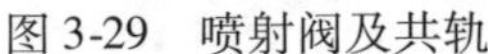
图 3-29　喷射阀及共轨

图 3-30　电控单元(ECU)

(4)仿真器:模拟供油系统喷油嘴、氧传感器工作状态信号,反馈给原车 ECU,实现开环控制(电喷车用)。它是控制 CNG 系统正常工作的装置。一般为普通单点集中供气,动力性略差、耗气量略高(图 3-31)。

图 3-31　仿真器

多点喷射一般用闭环控制汽油的工作过程,相应的 CNG 控制系统也应采用闭环控制系统。在正常情况下,两个系统共用一个氧传感器。当使用 CNG 时,氧传感器信号直接输入燃气 ECU(电脑板)控制系统,而对于汽油 ECU,如果长时间得不到氧传感信号,汽油控制系统将判断混合气过浓或过稀,并在内部记录故障码,从而影响汽油 ECU 的正常工作。如果同时将氧传感器信号输入燃气 ECU 和汽油 ECU,汽油 ECU 的记忆模块将储存使用 CNG 时的状态。在转换到燃油时,会影响汽油的控制过程。为了避免以上情况造成的影响,可以在使用汽油时,向汽油 ECU 输入一个理想模拟的传感器信号。这样在使用 CNG 时,汽油 ECU 能正常工作,转到燃油时也能正常工作。

开环控制:是最简单的一种控制方式,是指受控客体不对控制主体产生反作用的控制过程,也即不存在反馈回路的控制。

闭环控制:是根据控制对象输出反馈来进行校正的控制方式,它是在测量出实际与计划发生偏差时,自动按定额或标准来进行纠正的。

开环闭环的区别:一是有无反馈,二是是否对当前控制起作用。开环控制一般是在瞬间就完成的控制活动,闭环控制一定会持续一定的时间,可以借此判断。

开闭环优缺点:①开环控制具有作用时间短、控制成本低等优点,在外界干扰较小且变化不大的情况下,有一定的控制作用。但这种控制由于没有反馈机制,无法发现和纠正计划和决策实施中与预定目标之间的偏差,缺乏抗干扰能力,因此,仅适用于那些干扰不大且能规则变化的组织活动,而在复杂多变的情况下,则不能起到有效控制作用,因此,有很大的局限性。②闭环控制的优点是充分发挥了反馈的重要作用,排除了难以预料或不确定的因素,使校正行动更准确、更有力。但它缺乏开环控制的那种预防性,如在控制过程中造成不利的后果才采取纠正措施。

注:①单点喷射(SPI)——在节气门体上只装1~2只喷油器,向进气总管内喷油,形成可燃混合气。这种喷射系统因喷油器位于节气门体上集中喷射,故又称为节气门体喷射或集中喷射,也称中央燃油喷射(CFI)。②多点喷射(MPI)——在每一缸的进气门前均安装一只喷油器,汽油直接喷射到各缸的进气门附近并与空气混合形成混合气。多点喷射由于每一缸都有一个喷油器,因此,各缸混合气的均匀性得到很大的改善。多点喷射系统是目前使用较为普遍的喷射系统。

图3-32 点火提前器

(5)点火提前器:根据发动机转速信号和氧传感器信号由仿真器或电控单元控制提前点火以满足发动机工况的需要(图3-32)。

第三节 压缩天然气汽车维护技术

压缩天然气(CNG)汽车的维护应符合《压缩天然气汽车维护技术规范》(GB/T 27876—2011)的要求。

一、CNG汽车维护分级和周期

(1)CNG汽车维护分为日常维护、一级维护、二级维护。日常维护由驾驶人进行,一级维护、二级维护由取得CNG汽车维修资格的汽车维修企业进行。

(2)CNG汽车供气系统必须定期进行维护。CNG汽车维护的周期应符合《汽车维护、检测、诊断技术规范》(GB/T 18344—2001)的规定,如CNG汽车制造企业有特殊要求的,应参照执行。

二、各级维护的主要作业内容

1. 日常维护

（1）由驾驶人在出车前、行车中和收车后对车辆进行日常维护，并重点查看确认 CNG 储、供系统有无泄漏和异常情况。

（2）除 GB/T 18344—2001 规定外，还需进行的作业内容：

①检视储、供系统的工作状态及其连接和密封，要求状态正常无松动、泄漏、损坏，气瓶及固定支架牢固、无损伤，管线无擦碰。

②检视储气量，当天然气低于 1MPa 时应加气。

③使用两用燃料的汽车，应确保油气转换正常。

④行车中应随时观察各系统工作状况，当发现专用装置过冷、过热、有异味等异常现象时，应停车检查，关闭气瓶截止阀，送定点维修企业维修。

2. 一级维护

除 GB/T 18344—2001 规定的作业项目外，应增加的作业项目、作业内容及技术要求见表 3-1。

CNG 汽车一级维护增加的作业项目、作业内容及技术要求　　表 3-1

序号	作业项目		作业内容	技术要求
1	储气装置	CNG 气瓶及固定支架	（1）检查气瓶检定证明； （2）检查气瓶外观； （3）检查气瓶紧固情况	（1）气瓶检定审验有效； （2）气瓶表面无严重划伤、凹凸、裂纹等缺陷； （3）固定支架扎带完好、无裂纹，固定牢固，垫层完好、无损坏，气瓶固定可靠，无窜动和旋动现象； （4）安装位置、方式符合《天然气汽车专用装置安装要求》（GB/T 19240—2003）的要求
2		CNG 管路及卡箍	（1）检查紧固管路及接头； （2）检查连接部位有无泄漏	（1）高压管路及接头无擦伤及其他损伤； （2）接头坚固良好，无漏气现象； （3）软管无老化、油垢、裂纹，连接可靠，与其他部件无擦碰； （4）卡箍齐全完好，安装牢固，位置布局合理； （5）安装位置、方式符合 GB/T 19240—2003 的要求
3		手动截止阀、充气阀、组合阀等各类控制阀及相关仪表	检查密封和工作性能	（1）各种阀密封良好、开闭灵活有效，相关仪表工作正常、安装牢固可靠； （2）安装位置、方式符合 GB/T 19240—2003 和出厂技术要求
4		加气口	（1）检查加气口的安装及坚固情况； （2）检查止回阀	（1）加气口固定牢固、清洁； （2）加气口、止回阀工作可靠无漏气现象，防尘盖可靠有效

续上表

序号	作业项目		作业内容	技术要求
5	CNG供给装置	减压调节器	(1)外观检查; (2)卸下排污塞,放掉残液; (3)检查滤网、滤芯,必要时清洗; (4)视情检修调试各部件	(1)外观清洁,安装牢固,无泄漏现象; (2)各部件性能良好
6		混合器	检查各部件连接状况和接口密封状况	(1)混合器清洁,装配正确,牢固可靠; (2)各气道通畅,无阻塞、无泄漏
7		高压电磁阀	检查各电磁阀及其控制装置技术状况	连接可靠、工作正常
8		CNG电喷控制装置	检查使用性能	各参数均正常
9	燃料转换及控制装置	燃料转换开关及仪表	(1)检查开关使用性能; (2)检查压力显示器性能	(1)燃料转换开关标识准确,转换灵活、可靠; (2)压力显示与储气瓶气压协调一致
10		CNG电磁阀	(1)检查安装接线情况; (2)检查使用性能	(1)接线牢固,可靠; (2)开闭性良好,无泄漏
11		汽油电磁阀及管路	(1)检查安装及接线情况; (2)检查油路及接头; (3)检查使用性能	(1)电磁阀及油管安装牢固,管路无碰擦现象; (2)汽油管路无老化及损伤,接头密封良好; (3)电磁阀开闭性能良好,无泄漏
12		线束	检查线束及接头	线束插接可靠,无破损及摩擦现象
13	整车		(1)工作性能测试; (2)标志检查	(1)燃料供给系统工作正常; (2)CNG汽车标志符合《天然气汽车和液化石油气汽车标志》(GB/T 17676—1999)规定

3. 二级维护

除GB/T 18344—2001规定的作业项目外,应增加的作业项目、作业内容及技术要求见表3-2。

CNG汽车二级维护增加的作业项目、作业内容及技术要求 表3-2

序号	作业项目		作业内容	技术要求
1	储气装置	CNG气瓶及固定支架	(1)检查气瓶检定证明; (2)紧固连接部位; (3)视情更换安全装置	(1)气瓶检定审验有效; (2)气瓶及支架安装坚固,安装位置符合GB/T 19240—2003的规定; (3)气瓶有下列情况应更换: ①瓶体或附件出现裂纹、灼伤、鼓疱、渗漏或明显的凹陷、膨胀、弯曲; ②外表明显损伤、瓶口螺纹损伤或严重锈蚀; (4)更换用的气瓶应符合GB 17258—2011、GB 24160—2009的规定

续上表

序号	作业项目		作业内容	技术要求
2	储气装置	CNG管路及卡箍	(1)检查紧固卡箍、高压管路及接头； (2)视情更换密封圈、卡箍、管路及接头； (3)检查导流管	(1)管路及接头无损伤及挤压变形,CNG管路无老化、腐蚀,与相邻部件无碰擦现象； (2)接头坚固良好,无漏气、阻塞现象,涂检漏液至少观察1min后,无气泡出现； (3)卡箍齐全完好,安装牢固,位置布局合理
3	储气装置	手动截止阀、充气阀、组合阀等各类控制阀及相关仪表	(1)紧固阀门接头； (2)检查各阀门工作性能及接口有无泄漏； (3)视情拆检阀门,更换密封圈、密封垫	阀门开关灵活,紧固处无松动,阀门无泄漏,性能满足要求
4	储气装置	加气口	(1)清洁、紧固加气口； (2)视情更换止回阀阀芯及防尘盖	(1)加气口无油污、灰尘； (2)止回阀工作可靠,无渗漏； (3)防尘盖完好
5	储气装置	压力传感器及压力表	(1)紧固压力传感器螺栓； (2)视情送检或更换压力表	(1)传感器信号准确,压力表显示准确； (2)连接处无泄漏
6	CNG供给装置	滤清器	清洁或更换滤网或毛毡	清洁、工作良好
7	CNG供给装置	高压电磁阀	清除电磁阀滤芯中的杂物、沉淀物,必要时更换	工作正常
8	CNG供给装置	安全阀	检查	在标定压力范围内能及时开启和关闭
9	CNG供给装置	减压调节器	(1)拆检总成,清洁各工作腔,定期更换滤网； (2)高压进气装置泄漏检查,视情更换密封圈； (3)检查各级压力,视情更换弹簧、膜片； (4)检查安全阀； (5)检查热循环装置,并视情更换恒温器、密封胶圈等部件	(1)装配好后减压调节器外观清洁,工作正常、可靠； (2)各处无泄漏,气密性等指标符合GB/T 20735—2006的规定； (3)安全阀工作可靠； (4)热循环装置工作正常,各密封胶圈完好,水管及接头无漏水现象
10	CNG供给装置	混合器	(1)拆洗混合器各部件； (2)检查、更换密封圈	(1)各部件清洁； (2)各处密封良好,无泄漏,工作正常,连接牢固、可靠
11	CNG供给装置	低压管路及卡箍	检查并视情更换	(1)管路完好,无泄漏； (2)卡箍齐全完好,安装牢固,位置布局合理

续上表

序号	作业项目		作业内容	技术要求
12	燃料转换及控制装置	燃料转换开关及仪表	(1)检查开关及控制电路; (2)检查电源、插接件及搭铁是否良好; (3)视情更换相关部件; (4)检查仪表	(1)开关标识准确,转换灵活、可靠; (2)开关转换至"气"位时,当发动机不运转时,气路电磁阀能在规定时间范围内自动关闭; (3)各接插件及搭铁性能良好; (4)气量显示正确
13		线束	(1)清理、检查线束; (2)视情更换线束或接头	(1)线束连接可靠,无磨损现象; (2)线束接头连接正确、可靠; (3)电路电源连接正确
14		CNG 电磁阀	(1)检查工作性能; (2)检查线圈电阻值	(1)开闭灵活可靠,关闭时密封良好,不漏气; (2)线圈电阻值符合规定要求
15		汽油电磁阀	检查工作性能	开闭灵活可靠,关闭时密封良好,不漏油
16		步进电动机	检查、调整	工作正常
17		电控单元(ECU)及传感器	用故障诊断仪检查各传感器信号及电控系统工作性能	各传感器信号正常,系统无故障码显示,工作正常、可靠
18		泄漏报警装置	检查工作性能	装有泄漏报警装置的汽车,报警装置应完好,功能有效

三、CNG 汽车二级维护三检单(表 3-3 ~ 表 3-5)

CNG 汽车二级维护进厂检验单(一) 表 3-3

托修方		联系电话	
车辆牌号		车辆型号	
进厂日期		进厂编号	
发动机号码		底盘号码	
里程表读数		上次维护时间	
检验项目及检验结果			
检验项目	检验结果	检验项目	检验结果
起动性能		怠速工况稳定性	
加速工况稳定性		燃气系统密封性	
冷却液温度		油温	
异响		燃料转换正常、可靠	
CNG 气瓶及固定支架		仪表工作状况	
电路连接可靠		CNG 管路及卡箍	
电控单元无故障码		泄漏报警装置	
技术档案及车主反映的车辆状况			

续上表

<table>
<tr><td>附加作业项目</td><td colspan="2"></td></tr>
<tr><td colspan="3">检验结果:有数据要求的填写数据,无数据要求的完好填“√”;不合格填“×”;缺少填“—”</td></tr>
<tr><td colspan="2">检验员签字:

维护厂家(签章)　　　　年　月　日</td><td>送修人签字:

年　月　日</td></tr>
</table>

CNG 汽车二级维护过程检验单(二)

表 3-4

<table>
<tr><td>托修方</td><td></td><td>车辆牌号</td><td></td><td>车辆型号</td><td></td></tr>
<tr><td>合同编号</td><td></td><td>发动机号</td><td></td><td>底盘号</td><td></td></tr>
<tr><td colspan="2">检验项目</td><td colspan="3">检验数据及结果</td><td>作业人员</td></tr>
<tr><td rowspan="5">储气装置</td><td>CNG 气瓶及固定支架</td><td colspan="3">气瓶检定证书编号:
紧固力矩:　　N·m;六个方向紧固性能:</td><td rowspan="5"></td></tr>
<tr><td>CNG 管路及卡箍</td><td colspan="3">管路:　　管接头:
卡箍间距:　　mm</td></tr>
<tr><td>截止阀、充气阀、组合阀等各类控制阀及相关仪表</td><td colspan="3">截止阀:　　充气阀:
组合阀:　　仪表:</td></tr>
<tr><td>加气口</td><td colspan="3">止回阀:　　防尘盖:</td></tr>
<tr><td>压力传感器及压力表</td><td colspan="3">压力传感器:　　压力表示值:　　kPa</td></tr>
<tr><td rowspan="7">CNG 供给装置</td><td>滤清器(滤网)</td><td colspan="3">工作状况:</td><td rowspan="7"></td></tr>
<tr><td>高压(低压)电磁阀</td><td colspan="3">工作状况:</td></tr>
<tr><td>安全阀</td><td colspan="3">标定压力:　　kPa</td></tr>
<tr><td>减压调节器</td><td colspan="3">密封性能:　　热循环装置:</td></tr>
<tr><td>混合器</td><td colspan="3">密封性:　　工作性能:</td></tr>
<tr><td>低压管路及卡箍</td><td colspan="3">密封性:　　紧固程度:</td></tr>
<tr><td>喷射嘴及共轨</td><td colspan="3">密封性:　　工作性能:</td></tr>
<tr><td rowspan="8">燃料转换及控制装置</td><td>燃料转换开关及仪表</td><td colspan="3">工作性能:　　气量显示值:　　kPa</td><td rowspan="8"></td></tr>
<tr><td>线束</td><td colspan="3">固定状况:</td></tr>
<tr><td>汽油电磁阀</td><td colspan="3">工作性能:　　密封性:</td></tr>
<tr><td>步进电动机</td><td colspan="3">工作性能:　　密封性:</td></tr>
<tr><td>功率调节器</td><td colspan="3">工作性能:　　密封性:</td></tr>
<tr><td>电控单元(ECU)及传感器</td><td colspan="3">工作性能:　　故障码:</td></tr>
<tr><td>仿真器</td><td colspan="3">工作性能:</td></tr>
<tr><td>泄漏报警装置</td><td colspan="3">工作性能:</td></tr>
<tr><td colspan="6">检验结果:有数据要求的填写数据,无数据要求的完好填“√”;不合格填“×”;缺少填“—”</td></tr>
</table>

续上表

修理情况记录		更换主要零部件记录			
项目	修理情况摘要	名称	规格	数量	产地
备注		检验员(签字): 年　月　日			

CNG 汽车二级维护竣工检验单(三)　　表 3-5

托修方			车辆牌号		车辆型号	
合同编号			发动机号		底盘号	
外观检验	CNG 汽车标志		CNG 气瓶			
	CNG 管路及卡箍		加气口			
	压力传感器及压力表		高压电磁阀			
	安全阀		减压调节器			
	燃料转换开关及仪表		混合器			
	线束		低压电磁阀			
	汽油电磁阀		电控单元或仿真器			
	喷射嘴及共轨		功率调节器			
	步进电动机		泄漏报警装置			
性能检验	紧固程度检验					
	气密性检验					
	排放性能	怠速:CO:　　%;HC:　　10^{-6};高怠速:CO:　　%;HC:　　10^{-6}				
检验结果:有数据要求的填写数据,无数据要求的完好填“√”;不合格填“×”;缺少填“—”						
检验结论: 检验机构(公章)　　年　月　日			检验员(签字): 承修单位(公章)　　年　月　日			

第四节 天然气汽车维修注意事项

(1)天然气装置产生故障,不要自行修理,更不要自私拆卸高低压管阀,一定要到定点改装、定点维修厂去进行检测维修。

(2)天然气汽车在维护作业前,应首先对 CNG 汽车各系统和专用装置的密封性进行检查,如有泄漏应先采取措施排除故障,在确认密封良好后方可进行其他作业。

(3)维护作业中应先使管路内的 CNG 耗尽,然后关闭气瓶阀,再进行其他项目作业。

(4)需用明火切割作业时,应先撤除蓄电池、重要总成的电器元件和气瓶,或先在符合安全的场地进行 CNG 泄压。

(5)由于空气滤清器、火花塞及电喷车上的怠速电动机等原发动机部件的工作状况对使用天然气有较大的影响,所以在对两用燃料汽车的汽油系统进行定期维护时应对这些部件进行特别检查。若有大幅磨损或损坏状况,应予以维修或更换。

(6)不要采用普通高压清洗设备清洗发动机舱。洗车后应将接插件中的水分吹干,并加入除锈剂以确保除湿效果。

(7)驾驶室内严禁私自增加高压表。

第五节 压缩天然气汽车燃料系统常见故障及排除方法

一、低压压力表故障

安装在低压气路中,能随时显示一级减压腔输出压力,以监视减压器的工作状况,静态 0.4 ~0.6MPa,动态 0.2 ~0.4MPa,若压力过高、过低,波动较大均为不正常。(老旧车型两用燃料汽车常见)。

加速时,压力指示接近零,动力下降,说明 CNG 供给量不够,产生的原因可能为冰堵或管路堵塞。

起步时,压力指示接近零,说明发动机冷却液温度低,应继续暖车至 60℃(正常运行温度为 90℃)。

发动机运转时转速波动大,说明减压器各级输出压力异常,需检修或更换减压器,有时也可能是操作加速踏板踩得过猛而导致。

行车时,压力指示很快降为零,说明管路、混合器、动力阀接口漏气。

静态压力指示过高（大于0.6MPa），说明高压腔内的节气阀关闭不严，减压器有故障。

二、动力调节阀故障

手动调节燃气量的大小，过小发动机动力下降，过大会增加耗气量，且容易脱落而引起漏气。

三、混合器（比例式混合器）故障

混合器是天然气与空气混合的装置，比例式混合器是根据节气门的开度大小利用汽缸负压，控制空气、燃气并按一定比例提供混合气，满足发动机各种工况的需要，混合器上装有防爆皮碗，当发动机回火时可自动泄压，但若损坏，松动漏气，会造成不易起动，怠速不稳，加速性差。

混合气浓度是否正确的检查方法：用手挡住比例式混合器空气进口，留一指宽，若转速不变为正常，转速提高说明混合气过稀，转速下降说明混合气过浓。过浓过稀均需用纸垫调整，稀减少纸垫（空气量少），浓增加纸垫（空气增加）。

四、发动机能起动但很快又熄火产生的原因

转速感应信号有故障，转换开关信号线路断路，信号感应线在中央高压线缠绕圈数不够（10～15圈）或脱落，连接松动，减压器第三级膜片损坏。

五、耗气过高产生的原因

原发动机性能不佳；冷却液温度低；减压器加热不良；第三级出口压力过高引起气体流量过大，动力阀调整过大；混合气过浓；装置、管路、接口有漏气现象；操作不当。

六、减压调节器内漏故障

该故障反应不明显，只能从一些特殊现象或观察压力表下降来判断，如散热器内冒气泡，为减压器内循环水道有砂眼，高压气进入水道造成内漏，应更换减压器；电磁阀芯磨损或有杂质造成阀芯与阀座关闭不严造成内漏，应检修或更换电磁阀。

七、电磁阀打不开故障

（1）电源未接通或电磁阀搭铁不好，也可能是电压过低，起动时电压降过大，检查蓄电池电压，输出电压是否有12V。

(2)磁线圈故障,开启不足。

(3)阀芯通气孔被堵。

(4)阀芯和铁芯的配合间隙太小,阀芯不能自由滑动。

(5)阀芯 O 形圈或橡胶垫损坏。

(6)ECU 无输出控制信号。

八、混合器回火,发动机发吐、放炮

(1)检查点火次序是否正确。

(2)混合气过稀,可调整空燃比解决。

(3)火花塞性能下降,点火不好,更换火花塞。在不能准确判断哪些火花塞坏的情况下,更换火花塞时最好一次性全更换。

(4)检查高压线插接是否到位。

(5)检查高压线圈或高压线是否有漏电现象。

(6)高压线或点火线圈性能下降。

九、热车不易起动

(1)混合器阀芯是否有卡滞现象,使混合气过浓、过稀。

(2)减压器输出压力是否过高,超出正常值,或产生内漏、压力过低。

(3)受温度影响点火能量不足,应检查点火线圈,火花塞间隙。

(4)电控插头是否接触不良。

十、起动困难产生的原因

(1)原车有故障,如点火能量不足,点火正时不对,蓄电池电量不足,起动转速不够,空滤器过脏等。

(2)气路故障:高压电磁阀未打开或开度不足,通过更换转换开关,查线路,查电压及检查电磁阀阀芯有无堵塞,或更换电磁阀排除。低压无气或断气故障:通过观察高压表显示气量,检查管路有无堵塞、结冰等排除。

(3)混合气过浓:通过检查空滤器清洁、反向吹滤芯或减压器输出压力过高,供气多,更换减压器,混合器空气阀片过脏,开度变小应重新调整,逆时针调整混合器上的怠速调整螺钉降低浓度。

(4)混合气过稀:混合器与化油器密封不良,漏进空气,低压管路泄漏(内藏式除外),混合器防爆膜片损坏或固定螺钉松动漏气,顺时针调整混合器上的怠速调整螺钉增加浓度。

(5)油气同时进入缸内产生原因:电磁阀漏气关闭不严,应检修或更换电磁阀。

起动困难故障诊断程序如图 3-33 所示。

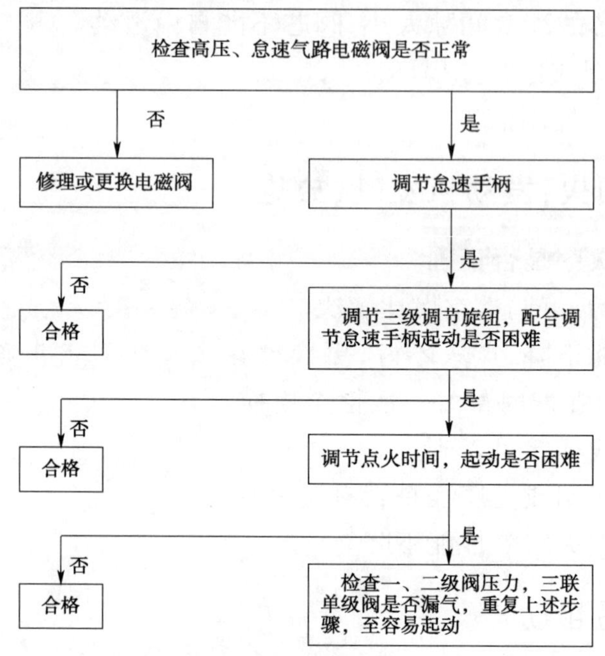

图 3-33　起动困难故障诊断程序

十一、怠速不稳产生的原因

(1)原车技术状况不良,如油路故障、电路故障、汽缸漏气等,这类问题在烧油时仍然存在。

(2)CNG 燃料供给系统调整不当引起的,减压器怠速调整不当,空气滤清器、节气门、步进电动机太脏,怠速混合气比例不合理,低压管路有泄漏。

怠速不稳诊断程序如图 3-34 所示。

十二、发动机动力不足

产生的原因:

(1)原发动机有故障,缸压不够,窜油,点火系有故障,三元催化装置损坏。

(2)天然气作燃料比汽油燃料的动力性有所下降,一般为 5% ~15% ,爆发力差,坡道行驶速度相对慢,动力不足。

(3)动力阀调整不当,应增大开度(顺时针调整减小开度,逆时针调整增大开度),高压电磁阀阀芯销孔磨损,胶垫外凸部分变形,使开启行程变小,进气量少,滤网堵塞。混合器皮膜破裂,防爆皮碗松动漏气,减压器三级膜片漏气,二、三级杠杆行程小,压力低,流量不够,重调减压器参数,或更换减压调节器。

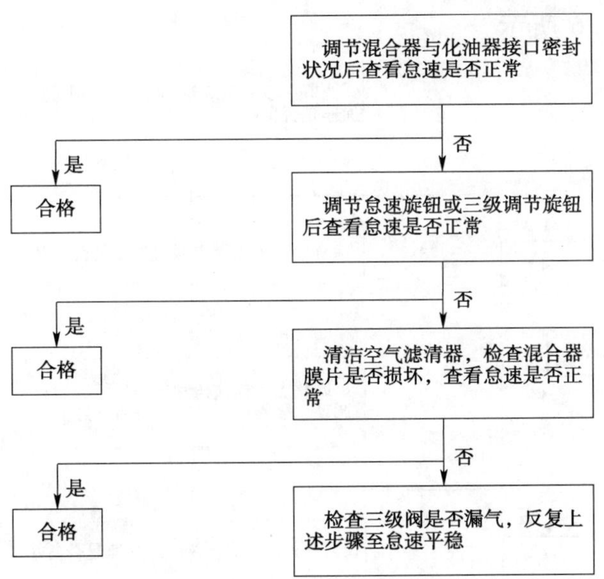

图 3-34 怠速不稳诊断程序

发动机动力不足故障诊断程序如图 3-35 所示。

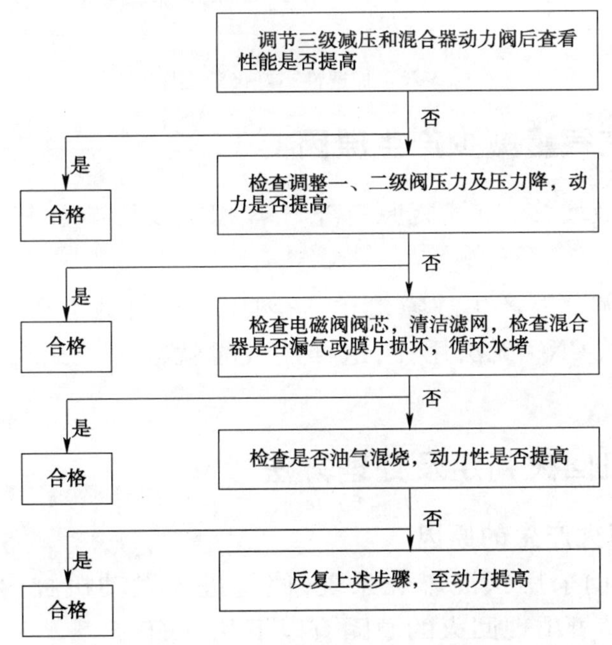

图 3-35 发动机动力不足故障诊断程序

十三、加速性不好

CNG 汽车使用 CNG 作燃料的加速性能不及原车烧油的工作情况，加速性不好是指由怠速加速到中、高速时，转速过渡不圆滑，急加速还可能熄火、放炮或回火。相对而言加速性不好只能从感觉上进行比较，消除影响加速性的各种因素，其诊断程序如图 3-36 所示。

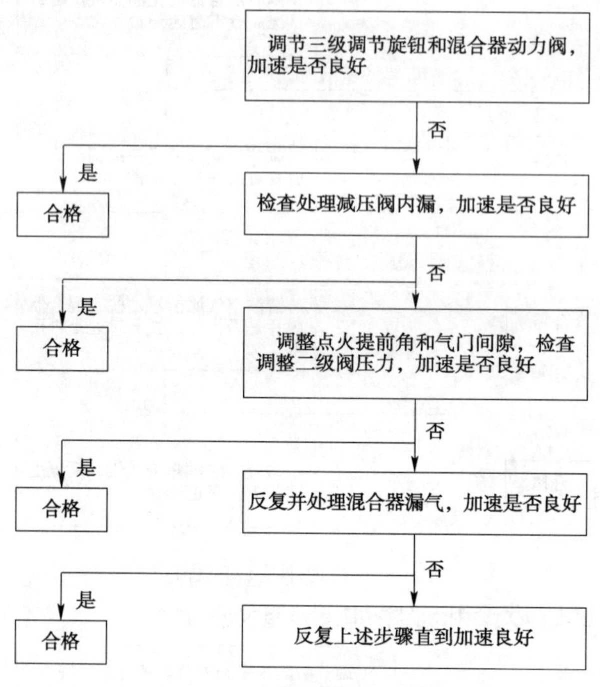

图 3-36　加速性不好诊断程序

十四、气瓶充气量减少产生原因

(1)气瓶内残液增多,使气瓶原有充气容积减少影响加气量,应到气瓶检测公司进行处理。

(2)因为减压调节器产生故障,当气瓶内压力没有低于 0.6MPa 时,减压器就停止工作,气瓶内的 CNG 无法用完,这样加气时就减少了充气量,此时应维修减压调节器。

十五、发动机回火判定及处理方法

(一)发动机回火产生的原因

由于发动机目前采用预混燃烧系统,使得进入发动机缸内的都是已混合均匀的可燃气体,发动机出现回火的原因有以下几方面:

(1)发动机气门关闭不严;气门及座圈磨损,导致气门间隙过小,若未及时维护调整,可能导致气门关闭不严。

(2)空燃比过稀。

(3)点火能量过小(点火线圈故障或火花塞间隙过大)。

(4)点火时刻不对、排气不畅都可能会引起回火,即可燃混合气在进气管内燃烧。

回火的危害程度很大，严重的回火可能导致进气管炸裂等严重事故。

（二）发动机回火判定

发动机回火现象：进气管垫片损坏、混合器膜片撕裂、进气管内的压力会突然升高，温度也会随之升高等。判定回火时采集或检测数据要求：需要检测发动机的气门间隙、火花塞间隙、点火线圈等数据；如果能采集到发动机处故障时的数据，必须采集发动机转速、节气门开度（目标值和实际值）、进气压力（MAP）、进气温度（IAT）、空燃比目标值（Phi Command）、空燃比实际值（Phi UEGO）、电控调压器出口压力目标值、电控调压器出口压力实际值等参数。

（三）回火检查处理步骤

（1）拆检发动机混合器，看混合器膜片是否损坏，混合器阀芯、混合器膜片压板是否存在损坏或松脱等现象；混合器内部是否存在发黑积炭等现象。

（2）拆检发动机进气管，看进气管内是否存在发黑等被火烧过的痕迹；进气管垫片是否存在破损等故障现象；进气管内 MAP 传感器头部是否存在机械故障。

（3）检查点火线圈是否存在异常：线圈是否存在开裂等机械故障现象，胶套是否存在开裂、氧化等故障现象。（附 4：点火线圈和火花塞异常现象照片）

（4）检查点火正时，检查第一缸的配气相位是否与技术要求相符；使用正时枪测量发动机的实际点火角是否与理论点火角相等。

（5）检查发动机气门间隙是否在技术要求范围以内。

（6）检查火花塞间隙是否在技术要求范围以内。（附 1：发动机数据记录模板）。

（7）检查凸轮轴和曲轴信号盘与传感器之间的空气间隙；检查信号盘是否存在松动或异常转动等现象；测量信号盘与传感器之间 8 个方向的空气间隙。（附 2：空气间隙记录表）。

（8）检查发动机线束和整车线束，看转速传感器线束是否存在磨损、断路等异常现象。

（9）检查排气系统是否存在堵塞等现象；特别是催化转换器是否烧结堵塞等。

（10）检查燃气管路是否堵塞；特别是燃气管路上的高、低压滤清器；高、低压电磁阀等零部件是否工作正常。

（11）如以上措施仍不能解决故障，测试各个汽缸压缩压力，以便判断是否存在气门关闭不严。（附 3：汽缸压缩压力测试方法）

（12）如判断气门漏气，拆下缸盖用煤油进行缸盖渗漏试验，确认缸盖的故障情况，进行气门密封性修复。

(13)根据最新状态装复发动机;火花塞按技术要求检测后再装机;气门间隙按技术要求进行调试;其中火花塞和点火线圈等性能零部件全部按技术要求进行装机。具体记录数据参考附1。

(14)发动机修复后,进行跟车测试:主要采集发动机转速、MAP、IAT、FPP等数据;根据数据分析看发动机是否依然存在回火现象,然后决定下步检查方法。

(15)对于LNG车辆,还需要检查汽化器;测量汽化器出口的燃气压力和温度,以判断汽化器的气化能力是否满足要求。

附1 发动机数据记录模板(表3-6、表3-7)。

故障状态下发动机数据记录模板 表3-6

汽缸顺序	火花塞间隙	气门间隙	汽缸压缩压力	点火线圈	火花塞	线圈胶套	缸垫	进气管	混合器	电子节气门
1										
2										
3										
4										
5										
6										

正常修复状态下发动机数据记录模板 表3-7

汽缸顺序	火花塞间隙	气门间隙	汽缸压缩压力	点火线圈	火花塞	线圈胶套	缸垫	进气管	混合器	电子节气门
1										
2										
3										
4										
5										
6										

附2 空气间隙记录表(每45°曲轴转角测量一次),见表3-8。

空气间隙记录表 表3-8

序 号	曲轴信号盘与传感器之间的空气间隙	凸轮轴信号盘与传感器之间的空气间隙	备 注
1			
2			
3			
4			
5			
6			
7			
8			

附 3　汽缸压缩压力测试方法。

(1)做一个汽缸压力测试用工装套筒;附一种结构的套筒图(图 3-37)。

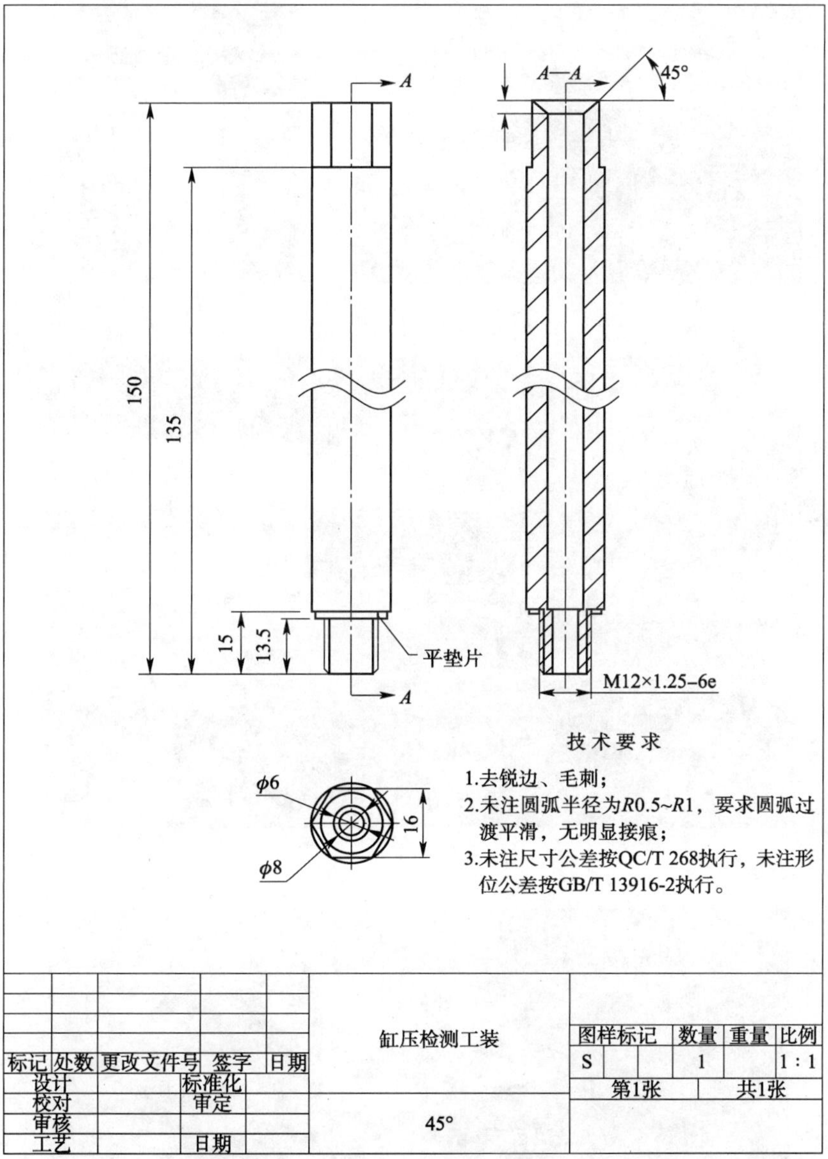

A
A—A
45°
150
135
15
13.5
平垫片
A
M12×1.25-6e
φ6
φ8
16

技术要求

1.去锐边、毛刺;
2.未注圆弧半径为R0.5~R1，要求圆弧过渡平滑，无明显接痕;
3.未注尺寸公差按QC/T 268执行，未注形位公差按GB/T 13916-2执行。

标记	处数	更改文件号	签字	日期	缸压检测工装	图样标记	数量	重量	比例
						S	1		1∶1
设计		标准化				第1张		共1张	
校对		审定			45°				
审核									
工艺		日期							

图 3-37　套筒

(2)在发动机正常状态下,拆下火花塞,然后把工装套筒安装在火花塞安装孔内,注意此工装套筒与火花塞安装孔的配合,此位置不得出现漏气等现象。

(3)在工装套筒的另外一端安装测试用压力表(此压力表一般采用双指针显示,用来显示最大值)。

(4)ECU 不上电,只用起动机托转发动机,然后观察压力表所显示的最大值,此最大值即为此汽缸的压缩压力值。如果此压力值比理论值小,则可能出现汽缸漏气等故障。

附4　点火线圈和火花塞异常现象照片(图3-38)。

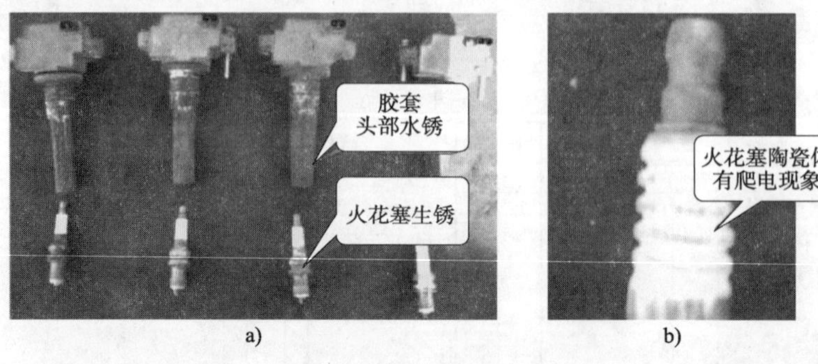

a)　　b)

c)

d)

图3-38　点火线圈和火花塞异常现象照片

第四章　压缩天然气汽车专用装置维护设备简介

第一节　QMX 型 CNG 燃料系统的气密性检测装置

QMX 型 CNG 燃料系统的气密性检测装置如图 4-1 所示。

一、组成及作用

该装置由空气驱动系统、压缩天然气储气系统、增压系统和控制系统组成。主要作用是对 CNG 汽车专用装置进行高压和低压气密性检测。

图 4-1　QMX 型 CNG 燃料系统的气密性检测装置

二、操作注意事项

(1)接通增压泵的驱动气源,观察驱动空气压力,气压达到 0.5 ~ 0.8MPa。

(2)打开天然气气源截止阀,观察气瓶压力表的气压(5MPa 以上)并检查设备有无泄漏现象。

(3)将增压枪插入被检车辆的充气口,关闭泄压阀,关闭被检车辆瓶阀,打开被检车辆充气阀,打开测试枪截止阀,进行低压(5MPa 以上)检漏,保持 5min,压力表读数不下降为合格。

(4)打开驱动增压开关和天然气高压截止阀,对天然气进行增压,观察高压输出压力表的压力必须满足测试所需的压力 18 ~ 20MPa,并用肥皂液或燃气检漏仪进行高压检漏,观察相关部位有无泄漏。

(5)检测完成后,关闭车辆充气阀及增压枪截止阀,打开增压枪泄压阀排气,排气完毕后取出增压枪,打开被检车辆瓶阀。

(6)无检测车辆时,应关闭天然气气源截止阀、高压截止阀、驱动气源。打开卸压阀排出设备管路中的余气,收卷增压枪管线,清洁装置外表。

(7)检漏作业区严禁烟火。

第二节　TIF8800A 可燃气体检漏仪

TIF8800A 可燃气体检漏仪如图 4-2 所示。

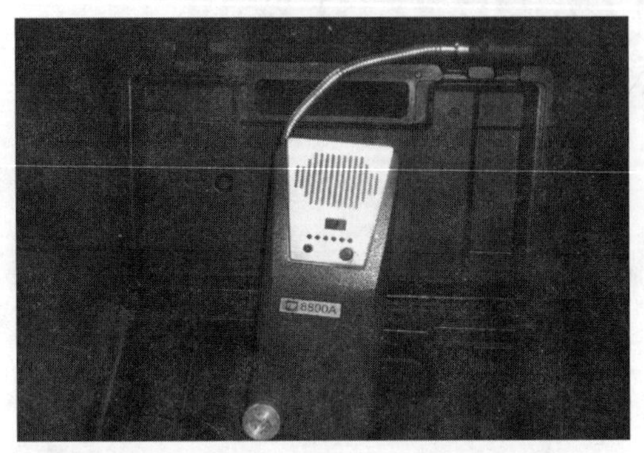

图 4-2　TIF8800A 可燃气体检漏仪

该检漏仪有 6 个漏气量目测灯，显示灯随漏失量增大而按顺序点亮。安装使用注意事项：

（1）按图示安装电池，首次使用必须充足电池（24h），以后只需充电 12 ~ 16h。开机后若稳定的“滴答”声难以保持，则表明电池需充电。

（2）扳动旋钮控制灵敏度的高低，顺时针转动灵敏度高，逆时针转动灵敏度为低。

（3）扳动开关置于“ON”位置，使仪表处于无污染状态，电源灯亮并无声音发出，大约 30s 自动预热后，会听到“滴答”的声音。

（4）“滴答”声的频率表明灵敏度的高低。顺时针调节旋钮声音迅速增大，表明灵敏度高，反之为低。

（5）用探头靠近特定环境的各漏点，若有漏点气体进入探头“滴答”声就会响起，并随漏气量的增加声音增强。

（6）当可燃气体被检漏仪探测到时，LED 灯从左到右发亮，浓度越大，亮的灯越多。

（7）一般情况下，无须调节灵敏度旋钮，但在漏气信号发现之前，已发出报警信号，说明环境空气已被高浓度的气体污染了，此时，应逆时针调节旋钮降低灵敏度。

（8）检漏结束后，应关闭开关，将仪器放入箱内并置于安全的地方。

第三节　玻璃转子式气体流量计

玻璃转子式气体流量计如图 4-3 所示。

（1）流量计主要是检查减压调节器各级出口的气体流量是否符合规定，所以在减压器进口处必须使用压力为 2 ~ 20MPa 的试验气体（压缩空气）。

（2）电源为 12V 直流，接通减压调节器电磁阀。

（3）连接气源及被测减压器高压进气口，打开高压截止阀，观察压力表读数。

(4)分别连接一级、二级减压出口,缓慢开启开关(过快会使浮子冲击上顶盖),观察流量计锥形管内浮子高度所对应的刻度(m^3/h),与被测减压器的型号标准值对照,是否需维修或更换减压器。

(5)每测量一次后,应缓慢关闭开关(过快会使浮子下落冲击玻璃锥管),让浮子自由下落。

图 4-3　玻璃转子式气体流量计

(6)流量计锥管浮子如有脏污或损伤应及时清洗或更换。

(7)测量结束后应关闭截止阀、截断电源、清洁工作台,用堵头堵塞各管路接头。

第五章　压缩天然气汽车气瓶的检查与评定

汽车用压缩天然气(CNG)气瓶一般为金属内胆纤维缠绕气瓶和钢瓶两种。

第一节　CNG缠绕气瓶的检查与评定

一、缠绕气瓶外观检查与评定

(1)划伤、擦伤、凿伤:导致缠绕层深度大于1.25mm为不合格。

(2)磨损:由于摩擦导致区域磨损深度大于或等于1.25mm或纤维外露为不合格。

(3)热、火损伤:因受热或火导致缠绕层变色、发黑、积炭和烧焦;树脂材料缺损或缠绕层纤维松动;涂层和标识被烧、变色、变黑;阀座扭曲变形等均为不合格。

(4)化学品侵蚀:造成材料永久变色;材料断裂或损伤;能确定化学品对气瓶材料有影响;或不能确定材料是否已受影响均为不合格。

(5)自然老化:因长期受太阳紫外光线影响,使气瓶纤维及树脂材料受影响的为不合格。

(6)发生碰撞、事故或着火:气瓶经受高热或不明热的作用,出现严重损伤痕迹或受冲击和热损伤的痕迹为不合格。

(7)冲击伤:缠绕层材料受冲击产生“霜状”状态,区域大于$1cm^2$为不合格。

(8)应力腐蚀裂纹:当材料受化学品侵蚀,在应力作用下纤维可能开裂或断裂为不合格。

二、缠绕气瓶金属部分外观检查与评定

(1)划伤、擦伤、凿伤:深度大于0.5mm或剩余壁厚小于设计壁厚为不合格。

(2)凸起:出现可见的气瓶膨胀凸起为不合格。

(3)点腐蚀:化学品、氧化出现的锈蚀引起凹点,腐蚀处剩余壁厚小于设计壁厚为不合格。

(4)线腐蚀:腐蚀长度大于或等于100mm为不合格。

(5)面腐蚀:腐蚀面积大于或等于外表面的25%为不合格。

(6)凹陷:凹陷深度等于或大于1.6mm或直径、长度小于50mm(不论深度多少)或两个同时存在均为不合格。

(7)磨损:通过发现磨损痕迹的金属部分,来确认磨损处的剩余壁厚不小于设计壁厚,否则为不合格。

第二节　CNG钢瓶的检查与评定

一、机械性损伤的检查与评定

瓶体存在裂纹、鼓包、夹层等缺陷的应报废。

瓶体出现磕伤、划伤处的剩余壁厚小于设计壁厚的应报废。

二、凹陷的检查与评定

瓶体凹陷深度超过1.5mm或凹陷中带有划伤或磕伤时且凹陷深度超过1mm时,应报废。

三、热损伤的检查与评定

瓶体存在弧疤、焊迹或明火烧烤等热损伤而使金属受损的应报废。

四、腐蚀的检查与评定

瓶体上孤立的点腐蚀、线状腐蚀、局部腐蚀及普遍腐蚀处的剩余壁厚小于设计壁厚应报废。

第三节　CNG储气瓶的安全管理和检验

一、新气瓶的启用

(1)新气瓶或气瓶进入空气时,应对瓶内空气进行“置换”。最好到气瓶检测站用氮气进行置换,实施有困难,也可将天然气充入气瓶使气瓶压力达到0.5~0.6MPa,然后放气减压至0.2~0.3MPa,反复三次,才能达到“置换”要求。

(2)气瓶进行空气“置换”后,第一次充装天然气的压力不得超过5MPa。经检查确认无泄漏或其他异常情况后,再充气到额定工作压力20MPa。

（3）气瓶严禁超装、错装、混装气体。

二、气瓶的检验

车用气瓶的检验按照《汽车用压缩天然气钢瓶定期检验与评定》（GB 19533—2004），《汽车用压缩天然气金属内胆纤维缠绕气瓶定期检验与评定》（GB 24162—2009）的要求进行检验，并严格执行《气瓶安全技术监察规程》（TSGR 0006—2014）的规定。

三、不合格气瓶的处置

（1）使用中发现储气瓶有严重腐蚀、损伤以及其他可能影响安全使用的缺陷时，储气瓶的所有者应及时将储气瓶送交有资质的气瓶检验单位进行检验。

（2）检验不合格的储气瓶不能继续使用，由检验机构作切割或压扁等方式进行破坏性处理。

四、到期气瓶的处置

对超过使用期限的储气瓶，应按规定作报废处理，并予以切割、压扁等方式进行破坏性处理。

五、气瓶使用管理注意事项

（1）库存和停用的时间超过一个检验周期的气瓶或检验日期不明的气瓶，启用前应进行检验，检验合格后方能使用。

（2）发生交通事故中受到损伤或其他可能影响安全使用的车用气瓶，如要重新使用，应对气瓶进行检验，检验合格后方能重新使用。

（3）不能擅自将其他气瓶作为 CNG 气瓶使用，也不能把 CNG 气瓶充装其他气体。

（4）气瓶的拆装工作必须由有从事车用气瓶安装或定点 CNG 改装厂进行，其他单位和个人不得进行气瓶拆装作业。

（5）严禁自行对储气瓶进行维修和更换气瓶附件。

第六章　天然气汽车的正确使用

天然气汽车运行时，驾驶操作与一般的汽柴油车驾驶操作基本相同，驾驶时只增加了一个油气转换操作。天然气汽车驾驶人应了解掌握天然气汽车日常安全检查知识及安全驾驶技术要点，确保安全驾驶。

第一节　天然气汽车出车前的检查

(1)检查汽油和天然气的储存量。

①检查油箱内应有适量存油。

②检查气量显示与停车前观察到的气量指示值是否基本一致，以确认 CNG 管路接头是否存在微漏气隐患。

(2)检查驾驶室转换开关所处的工作位置(气或油)。

(3)检查储气瓶和高、低压管路是否有泄漏现象。

①打开发动机机舱盖及行李舱盖，凭嗅觉闻一闻，必要时使用洗涤剂(或肥皂)泡沫水检查所有管路线连接接头是否有泄漏。

②若有异味、漏气，应关闭储气瓶上的手动截止阀，敞开汽车车门及发动机舱盖 10min 后，再燃用汽油行驶到定点改装厂或定点维修企业进行维修。

第二节　天然气汽车的起动

一、用汽油起动

(一)电喷汽车的起动

(1)两用燃料车的起动方式多数设计为：无论油气燃料转换开关置于油挡或气挡，只要油箱里有汽油，ECU 均自动采用油起动工作方式。因此，起动时油气燃料转换开关置于油挡或气挡均可，点火开关钥匙旋转到起动挡即可起动发动机。

(2)如果起动时油气燃料转换开关置于气挡，待车辆预热后，踏加速踏板使发动机转速上升到一定范围,ECU 将自动从燃油转换为燃气工况。

(二)化油器汽车的起动

(1)把油气燃料转换开关置于油挡(关闭 CNG 气路截止阀),点火开关钥匙旋转到起动挡即可用燃油起动发动机。对使用非电控截止阀的车辆,应先关闭 CNG 气路截止阀,再运行起动。

(2)如果是机械油泵的化油器,化油器浮子室中没有汽油时需要适当延长点火时间,机械油泵才能将汽油引到化油器浮子室内,发动机才能正常起动。若是电子油泵的则按正常起动操作即可。

二、用天然气起动

(一)电喷两用燃料汽车的起动

(1)部分两用燃料车的起动方式设计为:将油气燃料转换开关置于气挡,点火开关钥匙旋转到起动挡即可实现天然气直接起动发动机。

(2)少数两用燃料车的起动方式设计为:按住油气燃料转换开关上的特殊开关,点火开关钥匙旋转到起动挡即可实现用天然气强制起动发动机。

(二)化油器两用燃料汽车的起动

(1)化油器中无汽油用气起动。打开气路截止阀,将油气转换开关置于气挡,将点火开关旋转到起动挡,就可用压缩天然气起动发动机。

(2)化油器中有汽油用气起动。将油气转换开关置于油气挡的中间位置(燃料清除),起动发动机,当化油器内汽油即将用完时,迅速将油气转换开关置于用气挡,即可用天然气运行。或者将化油器中的汽油用完,发动机停止运转后,将油气转换开关置于用气挡,重新起动发动机,用天然气运行。

三、天然气汽车的起步

(1)由于天然气的特点,用压缩天然气作燃料时,汽车动力比用汽油时将略有下降,故汽车起步时,应适当提高发动机转速。

(2)每次起步之前,宜怠速运行数分钟,将发动机冷却液温度提高到 40℃ 以上再起步。

第三节　天然气汽车的运行

一、运行中挡位的选择

(1)天然气汽车运行中,应注意挡位的选择。要尽量避免高挡怠速行驶。

(2)长期运行时,发动机冷却液温度应保持在发动机使用说明书中要求的范围内为宜。冷却液温度过低易造成一级减压器冰堵、密封阀片损坏使耗气量增加。

二、行驶过程中的油转气

(1)电喷汽车在行驶过程中的油气转换。该类型汽车在行驶过程中,直接将燃料转换开关的油挡转换为气挡,踏下加速踏板使发动机转速提高到1500r/min以上,再松节气门控制开关将自动转换到燃气工况。

(2)化油器汽车在行驶过程中油气转换。该类型汽车在行驶过程中,应先将燃料转换开关由油位置拨到中间位置(燃料清除),使供油系统停止向化油器供油,当化油器浮子室中的汽油即将燃尽,发动机转速下降时,再将燃气转换开关置于气挡,即可完成转换操作。

三、行驶过程中的气转油

(1)电喷汽车在行驶过程中的气转油。该类型汽车在行驶过程中,适当提高转速,直接将燃料转换开关由气挡转换为油挡,燃油指示灯亮,即完成气转油。

(2)化油器汽车在行驶过程中气转油。该类型汽车在行驶过程中,适当提高转速,关闭天然气电磁阀,将燃料转换开关由气挡转换为油挡,燃油指示灯亮,即完成气转油。

四、行驶过程中操作注意事项

(1)运行过程中,在驾驶室内对有低压指示表的汽车,应注意低压表的指示情况。平稳运行时低压表的指针应无剧烈波动。如发现异常波动,应立即停车排除故障后方可运行,如故障不能排除,则应关闭高压截止阀,用汽油运行。

(2)驾驶天然气汽车时,不要急踩加速踏板,禁止高挡低速防止造成回火放炮,引起不必要的机件损坏。

(3)进行燃料转换时,将会出现燃料供给的过渡期,即发动机工作会出现转速下降或轻微停顿现象。

(4)在行驶中进行燃料转换时,应做好充分准备,避免在交通拥挤、上下坡、转弯或视线不好的地方进行。

(5)在行驶中,随时观察天然气量的变化情况,如变化太快,与行驶里程不符,应及时停车检查漏气情况。

(6)初学天然气汽车驾驶者,如不熟悉油、气互相转换的操作,为了防止发动机熄火、堵车,最好将汽车停靠于路边进行转换操作。

第四节　天然气汽车的停车

一、临时停车

（1）临时停车，应尽量选择通风阴凉、远离火源和热源之处，并尽可能设置停车警示标志。

（2）停车时，发动机应熄火、关闭电器总开关。

二、夜间停车

（1）夜间停车，应尽量选择通风阴凉，远离火源和热源之处停车。

（2）夜间停车前，应检查系统是否正常，有无漏气现象，储气瓶固定装置有无松动。

（3）车停稳后，应关闭电路总开关和发动机，关闭气瓶截止阀，查看并记录高压表压力读数或油气转换开关的气量指示值（在第二天开车前，再次观察高压表压力读数或油气转换开关的气量指示值，评估 CNG 管路接头是否存在微漏气隐患）。

三、长期停车

（1）汽车长期停放时，除按车辆停放规定处理外，应尽量将天然气用完，一般压力降到 0.2 ~ 0.4MPa 即可，然后立即关闭气瓶阀。

（2）断开电源，拆下蓄电池导线，将车辆置于通风、防潮、防火、防晒的场所。

（3）汽车重新使用时，应确认高压管路完好，连接部位没有松动、泄漏，必要时进行储气瓶气体置换操作，方能再次加气使用。

第五节　天然气汽车冬夏季驾驶注意事项

一、冬季驾驶的特殊要求

（1）冬季当气温下降到 10℃ 以下时，对于露天存放的天然气汽车可用汽油起动发动机，并且让发动机在中、低速工况运转 15 ~ 30min。当发动机温度达到 65℃ 以上时，方可切换至天然气运行。

（2）在行车途中，如果感到行车无力，应当检查减压器进出气口、供气管线接头是否结冰。如结冰，可用热水浇烫，切忌用火烤。

二、夏季驾驶的特殊要求

(1)夏季当天气在高温时,必须注意冷却液温度表读数。

(2)如果冷却液温度接近或达到发动机使用说明书中规定的上限时,应当检查发动机冷却系统工作是否正常。如不正常应首先排除冷却系统故障。

第六节　天然气汽车出现故障的应急处理

由于天然气泄漏极易引发火灾,使人窒息,严重时还会引起爆炸。所以在使用或维修 CNG 汽车时,必须严格遵守操作规程。一旦发生泄漏,应迅速查明原因及时处置,防止扩散。若出现大量泄漏应马上报告上级领导启动安全生产应急预案。

一、CNG 汽车维修发生天然气泄漏的应急预案

(1)一般泄漏的处置方法:停止发动机运转,关闭点火开关,切断油路,检查泄漏部位,关闭气瓶上的手动截止阀,禁止火源。

(2)因管路破裂,卡套松脱而出现大量泄漏时,应迅速关闭总截止阀,各气瓶截止阀,切断电源,切断电路;疏散人员,隔离火源,让泄漏天然气自然扩散,当确认安全后再对气路管线进行处置或更换。

(3)若已出现着火,气瓶无法关闭时,迅速切断油路、电路,用干粉灭火器灭火,并用自来水给气瓶降温,启用消防水泵向泄漏区喷洒,以稀释泄漏的天然气,同时疏散人员,保护现场,并向有关部门报告。

(4)上述各种处置方法结束后都应写出书面材料,总结经验、教训,并查清原因,明确责任,处理责任人,以预防类似事故产生。

二、CNG 汽车出现故障的应急处理措施

(1)发生天然气泄漏的应急措施。

①如果发生轻微的天然气泄漏,应立即停车,关闭点火开关,将发动机熄火,开启应急灯,切断油路。检查泄漏部位,并立即关闭储气瓶上的手动截止阀。

②如因高压天然气管线破裂、卡套松脱造成天然气泄漏时,应立即靠边停车,开启应急灯,迅速关闭气路总截止阀和各气瓶截止阀,切断电源,切断油路;同时疏散人员,隔离现场,隔离火源,必要时可报警求助。待泄漏气体完全扩散后,对供气系统进行检查,确保无着火隐患再使用汽油将车开到定点改装、维修厂对供气系统进行检查和维修。

(2)发生汽车自燃着火时的应急措施。

①如果汽车发生自燃着火,应立即靠边停车,迅速关闭点火开关,切断电源,切断油路,迅速关闭气路总截止阀和各气瓶阀;同时疏散人员,隔离现场。

②使用干粉灭火器进行灭火,并设法用水给气瓶降温。

(3)发生碰撞、着火时的应急措施。

①如发生交通事故,应立即停车,开启应急灯,检查油路、气路是否受损;如受损应关闭点火开关,切断电源,切断油路,关闭气瓶阀,同时疏散人员,隔离现场,隔离火源,保护现场。

②如天然气着火,应立即停车,关闭点火开关和气瓶阀,切断油路;同时疏散人员,隔离现场,保护现场,用干粉灭火器灭火。

③如气瓶阀无法关闭,应设法给气瓶降温。立即疏散人员,隔离现场,保护现场,严禁烟火,尽快向有关部门报告,以便应急处理。

第七章　安 全 教 育

安全生产工作是指在生产过程中保障人身和设备安全。人身安全是消除危害人身安全健康的一切不良因素，保障职工的安全和健康。设备安全是消除损坏设备、产品和其他财产的一切危害因素，保证生产正常进行。安全生产是对任何一个维修企业最基本的要求，如果没有安全保障，企业的维修质量、顾客满意度、企业的经济效益也就无从谈起。CNG 汽车专用装置的维护修理作业，尤其要严格操作规程和高度重视生产安全工作。

第一节　CNG 汽车维护安全操作规程

(1) CNG 汽车维护作业前，应首先进行 CNG 各系统的密封性检查，如有泄漏应先排除故障，在确认密封良好后方可进行其他作业。

(2) 严禁用明火检查各管路接头漏气情况，只能使用漏气仪或肥皂液体检漏剂检查。

(3) 维护作业中应先进行 CNG 使用维护，首先关闭气瓶阀，使管路内的压缩天然气耗尽后，再进行其他项目作业。

(4) 驾驶室及车辆附近，不得使用明火，驾驶室内严禁吸烟。

(5) 气瓶、减压阀、充气阀、管线等严禁敲击、碰撞。

(6) 在拆装有关高压零部件时，应避免不安全操作。开启气瓶时，任何时候不得将排气的管口对着相关人员。截止阀应缓慢开启，通气后逐渐开大，防止冲击表阀及其他零件。

(7) 需拆卸天然气管路时，应用干净棉布堵住各接头，防止异物进入损坏减压器、充气阀。在加工高压管时应清理干净铁屑，以免铁屑随天然气进入各装置内影响导通。

(8) 检查气瓶安装紧固情况时，应用扭力扳手测量力矩(卡箍带螺栓大小不同力矩不同)，气瓶固定架在前后左右上下六个方向不允许松动。

(9) 检查充气阀、减压器、管线卡箍紧固情况，发现松动，卡箍掉缺应及时处理和增补。

(10)当需要进行焊割等有明火的作业时,应拆掉蓄电池及重要总成的电控元件。应安全拆卸气瓶并放入专用库房妥善保管;或在专用的符合安全防护要求的场地,将CNG供气系统(包括储气瓶)卸压,确保系统内无CNG。

(11)如需在气瓶附近打磨或切割时,应先将其拆掉或有效隔离。应由具备认可资格的单位、人员从事气瓶维护与检测,不得在气瓶上进行挖补、焊割等作业。

(12)CNG汽车如发生漏气,应立即关闭电源和储气瓶截止阀,然后在专用场地进行处理。如果高压管路破裂或脱落导致气体大量泄漏而无法关闭储气瓶截止阀时,应立即将现场进行隔离,不允许人、车入内,隔离火源,待天然气散尽后再作处理。

(13)如储气瓶及管路表面结冰,应先关闭储气瓶截止阀,用自来水(禁用沸水)对气瓶及管路进行浇附处理,待融冰后进行检漏并确认安全后,再行维护作业。

(14)按规定要求正确填写压缩天然气汽车专用装置三检单。

第二节　安全管理制度

一、安全生产管理制度

为保证企业安全生产和经营活动的正常运转,保障企业员工身体健康,家庭幸福,必须坚持"安全第一、预防为主,综合治理"的方针,结合本企业实际特制定本制度。

(1)安全生产实行责任制和责任追究制度,落实安全生产"一岗双责"管理规定,建立领导机构和工作机构,健全各岗位的安全生产职责及各项规章制度,积极采取相应措施确保安全生产。

(2)按职责要求定期召开安全生产会议,分析安全形势,及时掌握安全生产动态。

(3)每年年初与企业安全工作一、二、三责任人互签安全目标责任书。

(4)认真开展安全生产检查及事故隐患排查、整改,及时消除隐患,加强重大危险源的安全管理。

(5)加强对从业人员的安全生产教育、技能培训和考核,提高从业人员的安全意识和职业素质。

(6)加强企业内各种设施、机具、设备的管理,按相关规定做好日常维护,始终保持良好技术状态。

(7)严格操作规程,加强现场监管,合理调度车辆,厂区内车辆行驶速度不得超过5km/h。

(8)后勤部门必须随时检查职工食堂,确保安全、卫生,并按相关规定发放劳保用品,保障员工身心健康。

(9)保卫部门牵头做好防火、防爆的安全管理,随时检查灭火器、消防栓、警示标牌等安全设施全齐有效。

(10)生产部门要加强用电管理,工作灯只能使用36V的安全灯;经常检查插座、设备电源、导线、配电箱、熔断丝盒等完好无损,决不允许私自乱搭乱接,非维护电工不得拆卸各用电设备。

(11)完善各种突发事件的应急预案管理制度,坚持每年一次的演练,要求本企业员工协调配合、积极参与,切实做好安全生产。

(12)本企业员工应模范遵守各项规章制度,有权利和义务揭发各种违反安全生产的一切行为。一经核实均按本企业奖惩制度予以奖励和处罚。

二、一岗双责制度

为切实抓好安全生产管理,落实"一岗双责"制度,其目的是为了杜绝重大恶性事故的发生,切实保障职工的人身安全和身体健康。

(1)在岗领导干部和安全领导小组成员在工作中负有一岗双责的责任,即既要抓好员工的思想业务工作,又要抓好安全生产工作。

(2)实行"一岗双责"制度,即主要领导抓全面,负总责,分管领导具体负责所属作业人员和职能管理人员的思想业务和安全生产工作。

(3)总经理为第一责任人,主持公司全面工作,向上级及行业主管部门负责。

(4)副总经理为安全工作第二责任人,协助总经理并按分管职能的责任范围,监督检查、指导协调各项安全工作。

(5)安全监督管理工作机构的主要负责人为第三责任人,第三责任人应对第一、二责任人负责,带领相关人员认真履行职权,搞好安全监督管理工作。

(6)各级领导都要带头学习业务知识、安全法规,树立依法管理的观念,努力提高安全管理水平。带头遵守本公司的各项规章制度,强化制度管理意识。

(7)对不认真履行"一岗双责"的领导干部或安全领导小组成员,将按照规章制度追究相关人员的责任。

三、安全会议制度

安全工作会议是贯彻落实上级有关安全生产法律法规、规章制度、条例、文件及指示精神,掌握和分析全厂安全生产状况,研究制定本厂安全生产相关的规定、防范措施、提出整改意见,采取有效对策,保证企业安全生产的重要方法。为了规范本单位安全生产行为,加大企业安全生产监管的工作力度,全面实施《中华人民共和国安全生产法》,倡导安全文化,注重安全,关注生命,落实责任,结合本厂工作实际,就安全工作会议作如下规定:

(1)领导小组会议制度。安全监督领导小组会议每年至少召开4次,原则上每季度召开一次。安全监督领导小组会议一般由组长主持,或受组长的委托由副组长负责组织。会议的主要议题是传达学习上级有关文件和指示精神,听取生产班组有关安全情况汇报,总结前段安全工作,分析全厂安全形势,安排布置下一阶段安全工作。

(2)安全工作例会制度。原则上每月召开一次安全工作例会,由组长或副组长组织,各班组负责人参加,主要是贯彻落实安全领导小组会议精神,通报传递安全生产信息,掌握基本安全状况,研究解决安全维修方面存在的问题;小结上月安全工作,布置下月安全工作任务及明确工作重点。

(3)安全形势分析会议制度。每季度召开一次安全形势分析会,组长或副组长负责组织。一般由安全领导小组成员和相关人员参加。传达学习上级有关安全生产方针、政策和文件,贯彻落实领导小组会议和上级指示精神,通报季度安全生产状况,分析安全生产形势,总结安全维修管理工作,交流安全管理工作先进经验,听取安全维修合理化建议,安排布置下一季度道路运输安全生产工作等。

(4)根据道路运输安全工作的季节性和特殊性的特点,如春运、"五一"、"十一"、防汛等重要安全活动,以及上级有关安全生产紧急会议及指示、本行业出现重大事故隐患或重特大事故等,根据实际情况,可以随时召开有关人员会议,及时传达上级要求和领导指示,积极采取有效措施,尽快贯彻落实。

四、安全生产检查制度

为了更好地实现安全生产,及时发现和排除不安全的各种隐患,特制定本制度。

(1)公司领导每年至少组织4次安全大检查(重大节假日除外),根据不同阶段(冬季、夏季、节假日)制定不同的内容,并做好检查记录。

(2)第三责任人每月应组织1次安全检查,并抽调班组长一同进行,并做好检查记录。

(3)公司兼职安全员应做到每个工作日随时到现场巡查,每周对本公司各危险源点(变压器房、空压机房、钢瓶库房、油库、配件库等)巡检一次,并做好记录,发现隐患及时上报。

(4)安全检查中所发现的安全隐患应逐项登记,通知该部门整改,若不能及时整改的必须落实人员,制定措施限时完成。

(5)若发现重大隐患,应责令停工,并及时上报领导研究解决。

(6)整改复查,若发现对隐患整改不力的班组或责任人要加重处罚。

五、安全生产宣传、教育、培训制度

(1)利用公司各种会议宣传贯彻有关安全生产法律、法规和规章制度,传达上级主管部门有关安全的批示、要求。

(2)根据不同的季节,不同安全重点,不同的人员,开展有针对性安全宣传教育,并督促班组在班前会上也要开展安全宣传教育和日常安全技能教育。

(3)每年至少组织 1 次安全知识培训,聘请专业人员授课,并考核培训成绩。

(4)不定期抽查班组安全教育活动开展情况(通过查看安全例会记录,兼职安全员巡查记录,安全检查记录)发现问题及时纠正。

(5)坚持对新进员工和转岗员工的安全教育培训(由行管部门组织实施职前培训和技能培训)。

(6)坚持“春运”、“安全月”、“十一黄金周”重大活动的安全宣传教育。

六、用电、防火安全管理制度

(1)公司员工必须树立“安全第一”的思想,认真学习用电、防火的基本知识,遵守各项规章制度,积极参加消防演练,熟知灭火器材的使用方法。

(2)爱护公司所有的电气设备和消防专用器材,且不得挪作他用。

(3)各种用电设备和消防器材应落实到部门,专人管理,每日下班前应对用电设备前一级开关断开。

(4)维修用工作灯电压不得超过 36V,工作灯使用时不得冒雨或在过水地使用,并经常检查导线、插座是否良好。

(5)非专业维修电工不得搬弄配电盘上的开关及电气设备。

(6)严禁在车间和库房内吸烟。

(7)进行电焊、气焊作业时应严格遵守操作规程。

(8)做好各种油料、气瓶管路的安全管理,远离焊接作业区。

七、班组生产安全管理制度

为正常开展班组生产安全,有效发挥班组生产力作用,制定本制度。

(1)班组接到派工单后,按工单要求组织生产。

(2)班组长是班组生产安全的组织领导者,班组成员直属班组长的领导,成员必须服从班组长的指挥调度，班组长有权批评、纠正和制止班内的不良现象及违反操作规程违规作业。

(3)班组长要善于发挥全组成员的力量完成生产任务，又要关心团结本组成员，解决员工思想问题，反映员工个人困难。

(4)上班时间员工有紧急情况需离开岗位，必须向班组长请假，批准后方可离开，擅自离岗者应受纪律处分。

(5)班组所负责维护的生产场地和设备是全体成员的共同责任，每个成员都必须履行自己的职责。

(6)年度总结班组成绩、个人表现和存在的问题，一般由班组成员民主评定，由班组长集中意见向上级汇报。

八、隐患排查、整改制度

(1)坚持“安全第一、预防为主”的方针，加强事故隐患排查和整改工作，预防各类事故的发生。

(2)按照各部门职能定期排查。维修厂、生产班组及兼职安全员按上级要求并结合实际，定期对本部门的责任区重点部位安全隐患进行认真排查。

(3)认真做好排查记录，包括隐患登记、整改措施、落实情况、复查结果，做到“谁检查、谁签字、谁负责”。

(4)及时上报。对排查中发现的重大隐患应及时向主管领导汇报，特别重大隐患要逐级上报。

(5)制定预案，动态管理。在本公司各部门的生产经营活动中，可能发生安全事故要有预案；重点部位及安全设施、设备上应设明显的安全警示标志。做到有备无患，安全生产。

(6)因事故隐患排查不认真，报告不及时，整改不到位，造成安全生产事故发生，将严格追究相关责任人的责任。

九、安全生产责任追究制度

根据国家《中华人民共和国安全生产法》及《四川省安全生产条例》的规定，制定本制度。

(1)建立健全本公司内部的安全生产责任制，安全生产规章制度及安全生产操作规程。

(2)建立安全领导小组，落实一、二、三责任人，配备兼职安全员参加安全检查工作，安全领导小组负责本公司的安全工作。

(3)足额提取安全生产费用，缴纳安全生产风险抵押金，保证本公司安全生产投入的有效实施。

(4)制定并组织实施生产安全事故应急救援预案,建立救援组织,完善应急救援条件,开展救援演练(每年一次)。

(5)及时、如实按规定报告生产安全事故,落实生产安全事故处理的有关工作。

(6)违反上述规定的各级责任人,根据事故责任的大小,应受到本公司的组织处理直至除名,对情节特别严重,造成重大损失或人员伤亡事故的,上报有关部门依法处理。

十、环境保护管理制度

环境是国家的重要资源,也是人民生活质量的基本条件,环境保护是国策大事。环境保护人人有责,关系人人。整洁有序的环境也是保证机动车维修质量的重要条件。下列各条必须认真落实。

(1)清洁维修车辆应在规定的固定地点进行,每天应对汽车清洗地点进行清扫,保持下水道疏通,场地整洁。

(2)保持场地清洁,汽车拆卸维修时,应做到油、水不落地,拆下的零部件放置在零件盘中,废油接入油盆中,拆修完毕后,立即清扫场地。

(3)废旧料应分类放置在规定的收集地点,废机油倒入收集桶内,定期处理废旧料和废机油。

(4)锉削制动蹄片应防止有害粉尘扩散,危害人体健康,有条件的应装置防尘罩或去尘装置。

(5)车辆喷漆应在烤漆房或喷漆间内进行,防止漆尘飞扬,污染环境。

(6)漆工间的废水应集中流至排水沟内,且经沉积或用活性炭处理后排入污水管道。

(7)检修空调机时,制冷剂不得随意排放到大气中,应使用制冷剂回收装置回收利用。

(8)维修车辆的废气排放,应达到国家标准规定的要求,不得随意降低标准,不达标准的不准出厂。

(9)环保工作由生产技术部门负责,定期进行监督检查,落实奖惩措施。

十一、维修废物管理规定

为保持厂区环境卫生,对维修后产生的废旧物品必须进行有序管理,特制定本规定:

(1)维修废物包括:车辆维修后所换下的车身覆盖件、塑料件、零部件、废油料、空调制冷剂、废轮胎、废蓄电池等。

(2)除保险公司和车主需带走的旧件外,其余旧件必须做到分类有序堆放或入库存放,以保持厂区环境整洁。

(3)厂区存放旧件,坚持每季度处理一次,集中交废品回收公司。

(4)废油要集中收集有效利用,并在收集点悬挂禁止烟火标牌,悬挂灭火器,废油处理需与有资质的回收企业签订合同,按时回收离厂,确保厂区安全。

(5)空调制冷剂应回收再利用,严禁随意排放,污染环境。

十二、CNG 气体八不充装制度

(1)钢印标记、颜色标记不符合规定,无法判定气质的情况的不充装。

(2)改装不符合规定或用户自行改装的不充装。

(3)附件不全、损坏、不符合规定的不充装。

(4)瓶内剩余压力低于 0.3MPa 的不充装。

(5)气瓶超过检测期限的不充装。

(6)经外观检查,存在严重损伤需进一步进行检查的不充装。

(7)氧化或强氧化性气体沾有油质的不充装。

(8)易燃气的气瓶首次充装,事先未经过置换或未抽真空的不充装。

第三节 天然气汽车充装 CNG 气体注意事项

一、两用燃料汽车充装 CNG 气体注意事项

CNG 加气站属于高压、易燃、易爆的Ⅱ级火灾区,为确保车辆充气时的安全,防止意外事故和减少事故的损失。到站充装 CNG 气体的车辆驾驶人员必须做到:

(1)车辆应按规定方向行驶、禁止逆向行驶、以避免堵塞。

(2)进出加气站应缓慢行驶,限速 10km/h,严禁超速行驶。

(3)按要求停靠在加气红线以外,熄火并采取相应的制动措施,防止车辆意外滑行。

(4)听从充气人员指挥,按指定地点停靠加气。

(5)充装 CNG 时应由站内充气工操作,其他人员一律不得擅自动用充装阀门和装置。

(6)充气完毕后要按正确方法取拔和放置充气头,防止因使用不当造成密封圈及充气头的损坏而引发泄漏,导致安全事故发生。

(7)除驾驶人员外,所有乘客均应在站外下车,严禁将其他人员带入站区。

(8)车辆在加气时不得打扫卫生(包括洗车和打扫车厢),加气完毕应及时离开,以免影响其他车辆加气和发生意外时无法及时疏散。

(9)不得在加气车位上维修车辆,更不得在充气结束前接通汽车电路起动发动机。以防事故发生。

(10)安全检漏时不得使用明火,应使用中性肥皂液或其他类似物质进行,或者与本站相关人员取得联系后由专职技术人员处理。

(11)在充装气中途如果加气站发生意外事故时,应立即停止加气,听从操作人员指挥,迅速疏散离开战区,防止损失扩大。

(12)严禁携带易燃易爆物品进站或在本站吸烟、喝酒。

二、天然气汽车进站加气注意事项

(一)进站停车

(1)汽车进站前,车上换乘人员全部下车,在加气区外休息处等候。

(2)将汽车按指定方向进入加气区,缓慢进入充气位置后停车,拉紧驻车制动器操纵杆,汽车发动机熄火,关闭汽车总电源,打开发动机罩做好加气准备。

(3)气瓶使用登记证宜插放在驾驶台边,以配合加气人员在加气前检验确认。加气员同时就车检查供气系统无异常,方可准予加气。

(4)在加气站内禁止吸烟、使用手机和其他电器、电子设备,以防静电感应导致发生事故。

(二)开始加气

(1)打开发动机罩,由加气站专业工作人员取下防尘罩,插上充气插头,再打开总气阀,充装天然气。

(2)在加气中,不准超压加气,加气压力不准超过20MPa。

(3)加气时若发生泄漏,应立即关闭加气开关和气瓶截止阀,立即停止加气。此时不能起动发动机,应将车辆推到空旷处,待检修合格后方能再进站加气。

(三)加气后检查

充气完毕后,关闭总气阀,待排除加气软管内的余气后,取出充气插头,插上防尘罩,盖好发动机罩前,应确认充气阀已确实关好且无泄漏。

(四)起动离站

(1)观察高压管路及各接头组件连接处有无泄漏,如发现泄漏要排除后才能起动车辆。

(2)确认加气枪与加气阀完全脱开,发动机罩已经盖好,方可起动车辆,缓慢驶离加气站,进行正常的行使操作。

第四节　天然气汽车事故案例警示教育

(1)成都自制 CNG 气瓶爆炸事故。2008 年 12 月 28 日 6 时 50 分,成都市龙腾中路 2 号草金路 CNG 加气站一辆川 AZ1534 汽车车主非法自制车用 CNG 气瓶发生爆炸事故,爆炸气瓶分别将川 U9363、川 A2J095、川 AJP240 三辆车击穿,幸无人员伤亡,如图 7-1、图 7-2 所示。

图 7-1　成都自制 CNG 气瓶爆炸事故(一)

图 7-2　成都自制 CNG 气瓶爆炸事故(二)

(2)重庆 CNG 气瓶爆炸事故。2007 年 11 月 1 日重庆天然气公司周家湾加气站发生气瓶爆炸,事故造成 5 死 1 伤。事故直接原因:用户将一 CNG 气瓶非法装入车上,在 CNG 气瓶充装站充气时发生爆炸,如图 7-3、图 7-4 所示。

图 7-3　重庆 CNG 气瓶爆炸事故(一)

图 7-4　重庆 CNG 气瓶爆炸事故(二)

(3)新疆昌吉 CNG 气瓶爆炸事故。2008 年 3 月 15 日 17 时 15 分,新疆昌吉市乌伊东路东方环宇投资(集团)燃气公司乌伊东路加气站,在加气过程中汽车车用 CNG 气瓶突然发生爆炸,致使 2 人死亡,3 人受伤。车主是从废品收购站购置的因火灾淘汰的缠绕气瓶,未通过正规渠道安装,如图 7-5、图 7-6 所示。

图 7-5 新疆昌吉 CNG 气瓶爆炸事故(一)

图 7-6 新疆昌吉 CNG 气瓶爆炸事故(二)

(4)布置安装不合理引发的事故,如图 7-7 所示。

a)总截止阀安装在驾驶人右侧发动机罩内，造成火势扩散蔓延直至全车烧毁

b)汽油电磁阀安装在发动机顶部酿成火患

图 7-7 布置安装不合理引发的事故

(5)非规范性行为造成的安全隐患,如图 7-8 所示。

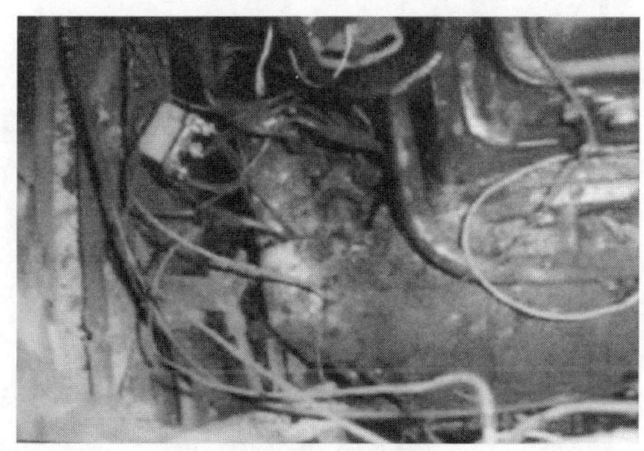

a)电气线束乱拉乱接

b)过量超压充气

图 7-8 非规范性行为造成的安全隐患

(6)上海成保气瓶检测公司在 2012 年 10 月发生的气瓶爆炸事故。

(7)2012 年 7 月 1 日早上 7 点过川 BGE5 × × 号汽车使用中发生燃爆事故,造成车辆受损,如图 7-9 所示(燃爆原因分析:系该车拆装气瓶后未经气密性检验,造成泄漏而引起)。

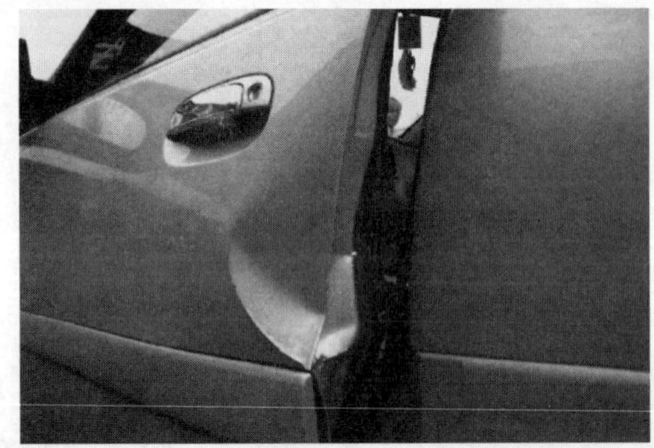
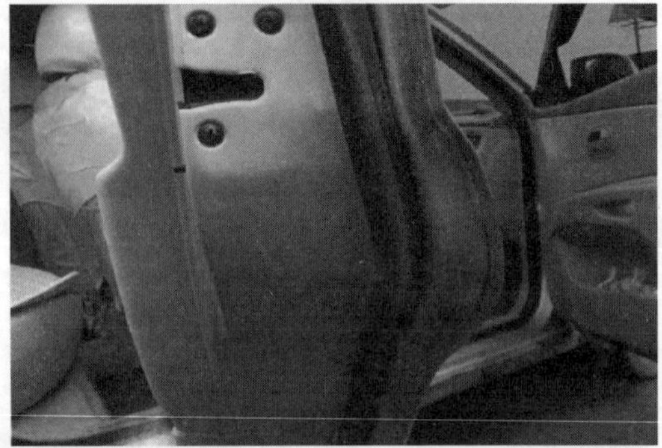

图 7-9　燃爆事故

复习思考题

1.《四川省压缩天然气汽车安全管理办法》(四川省人民政府令第256号)从何时起施行?

2.《四川省压缩天然气汽车安全管理办法》中对车辆安全管理的要求有哪些规定?

3. 从事定点改装企业应符合哪些条件?

4. 从事定点维修企业应符合哪些条件?

5. 违反《四川省压缩天然气汽车安全管理办法》第二十二条规定的应受何种处罚?

6.《四川省机动车维修管理办法》(四川省人民政府令第210号)从何时起施行?共有多少条?

7. 机动车维修分哪些种类?维修车型分为哪些?

8. 取得二类汽车维修经营许可的可以从事哪些维修工作?

9. 哪些维修项目应当签订维修合同?

10. 维修档案包括哪些内容,保存多久?

11.《四川省机动车维修管理办法》规定由县级以上道路运输管理机构责令经营者改正,可以并处1000元以上3000元以下的罚款有哪些情况?

12.《四川省机动车维修管理办法》规定由县级以上道路运输管理机构责令经营者限期改正,拒不改正的,可以处1000元以上1万元以下的罚款有哪些情况?

13. 四川省交通运输厅《关于印发四川省压缩天然气汽车专用装置定点维修企业备案管理规定的通知》要求从事压缩天然气汽车专用装置定点维修业务的企业应具备哪些条件?

14. 申请从事压缩天然气汽车专用装置定点维修业务的企业,应向地市(州)道路运输管理机构提交哪些材料?

15. 什么是天然气?

16. 天然气具有哪些性质?

17. 天然气具有哪些理化特性?

18. 天然气汽车主要优缺点有哪些？
19. 燃气汽车是怎样分类的？
20. 压缩天然气汽车的基本原理是什么？
21. 压缩天然气汽车专用装置由哪些系统组成？
22. 储气系统的作用是什么？由哪些部件组成？
23. 供气系统的作用是什么？由哪些部件组成？
24. 控制系统的作用是什么？由哪些部件组成？
25. 在瓶阀上设有安全泄压装置，该装置由哪三部分组成？
26. 气瓶的充装量是怎样规定的？
27. 减压调节器的工作原理是什么？由哪几部分组成？
28. 混合器的主要作用是什么？分为哪几种？各有什么特点？
29. 动力调节阀的主要作用是什么？
30. 油气转换开关中的红色、黑色按键各起什么作用？
31. 仿真器的作用是什么？
32. 耗气过高产生的原因是什么？
33. 改气后起动困难的原因是什么？
34. 改气后怠速不稳的原因是什么？
35. 发动机动力不足产生的原因是什么？
36. 改气后发动机加速性能不好，产生的原因是什么？
37. 气瓶充装量减少产生的原因是什么？
38. CNG 缠绕气瓶在维护过程中应检查哪些地方？
39. CNG 钢瓶在维护过程中应检查哪些地方？
40. GB 7258 国家标准中对两用燃料汽车的燃料转换开关的安装和燃料控制上有何规定？
41. GB 7258 国家标准气体燃料专用装置的安全防护中，对钢瓶的安装位置提出了哪些要求？
42. 两用燃料汽车中对高压管路的安装有何要求？
43.《压缩天然气汽车维护技术规范》是由哪个标准发布的，从何时开始正式实施？
44. CNG 汽车维护作业车间对安全防护方面有何要求？
45. 两用燃料汽车维护作业的顺序是怎样要求的？
46. CNG 汽车如果发生漏气应采取哪些措施确保安全？
47. CNG 汽车维护的分级和周期是怎样划分的，分别由谁执行？
48. CNG 汽车日常维护的重点是什么？

49. CNG 汽车一级维护除按 GB/T 18344 规定的基本作业项目外,增加的基本作业项目有多少项?主要作业内容是哪些?

50. CNG 汽车二级维护除按 GB/T 18344 规定的基本作业项目外,增加的基本作业项目有多少项?主要作业内容是哪些?

51. CNG 汽车二级维护竣工检验有哪些要求?

52. CNG 汽车需做气密性检验的是哪几部分?可采用哪些检验方法进行检验?

53. 维修企业在承接 CNG 汽车二级维护时应做好哪些工作?

54. CNG 汽车维护的质量保证期是怎样规定的?

55. 什么是原厂配件?

56. 维修企业应公示哪些信息?

57. 维修企业客户接待的主要内容是什么?

58. 维修合同主要包括哪些内容?

59. 机动车维修服务规范中对在质量保证期内,因维修质量原因造成在用车辆无法正常使用应怎么办?

60. 客户自带配件,经营者应怎么办?

61. 经营者应对维修产生的废弃物怎样处理?

62. 经营者如何做好维修服务质量控制?

63. GB/T 18437.1—2009 适用于哪些汽车的改装?

64. GB/T 18437.1—2009 中规定汽车改装后的整车技术要求有哪些?

65. 天然气汽车维修注意事项有哪些?

附录一　政策法规

四川省压缩天然气汽车安全管理办法

（四川省人民政府令第256号）

第一章　总　　则

第一条　为加强压缩天然气汽车安全管理，保障公民生命、财产安全和公共安全，促进压缩天然气汽车产业健康发展，根据《中华人民共和国安全生产法》、《中华人民共和国城镇燃气管理条例》、《中华人民共和国特种设备安全监察条例》和《中华人民共和国道路运输管理条例》等有关法律法规，结合本省实际，制定本办法。

第二条　本省行政区域内的压缩天然气汽车产业发展、压缩天然气汽车加气站建设与经营、压缩天然气汽车改装与维修、车用气瓶安装与使用及相关安全管理活动，适用本办法。

第三条　省发展改革部门承担全省压缩天然气汽车产业发展的综合协调职责，负责压缩天然气汽车产业发展规划及产业信息公布、压缩天然气汽车加气站（以下简称加气站）项目核准、压缩天然气汽车定点改装企业（以下简称定点改装企业）的备案及监督管理。

燃气管理部门负责加气站建设、燃气经营许可及监督管理。

安全生产监督管理部门负责加气站危险化学品经营许可及监督管理。

质量监督管理部门负责加气站的压缩天然气工业产品生产许可、气瓶充装许可、站用特种设备及车用气瓶的许可及监督管理。

交通运输管理部门的道路运输管理机构（以下简称道路运输管理机构）负责压缩天然气汽车专用装置定点维修企业（以下简称定点维修企业）的备案及监督管理。

公安机关交通管理部门负责依法改装的压缩天然气汽车车辆的登记。

住房城乡建设、国土资源、公安、经济和信息化、环境保护、科技等有关部门按照各自职责,协同做好压缩天然气汽车的相关管理。

第四条　加气站、定点改装企业、定点维修企业、道路运输企业是安全生产经营的责任主体,应当遵守有关安全生产经营法律法规,加强安全生产经营的管理,完善安全生产经营条件,建立健全安全生产经营责任制度,确保安全生产经营。企业主要负责人对企业的安全生产经营活动全面负责。

鼓励实行特种设备责任保险制度,提高事故赔付能力。

第五条　鼓励压缩天然气汽车产业技术进步,运用先进技术增强防范安全事故的能力。对符合产业政策的项目和产品,按照国家和省有关规定享受优惠政策。

优先发展压缩天然气汽车在城市公共客运、出租客运、环卫等公共交通领域的推广应用。

第六条　压缩天然气汽车行业相关协会应当加强行业自律,宣传法律法规和安全管理知识,推广先进技术和科学方法,引导企业依法诚信经营。

第二章　加气站安全管理

第七条　加气站实行统一规划、合理布局、确保安全、协调发展的原则。

省发展改革部门制定产业发展规划前应当征求燃气、安全生产监督、质量监督、公安、国土资源、环境保护等有关部门意见。

第八条　投资建设加气站项目,应当向省发展改革部门提出项目核准申请。具体条件和程序由省发展改革部门会同省直相关部门按照国家关于企业投资项目核准的规定和本办法制定,并向社会公布。

未经项目核准,燃气、安全监管、质量监督、公安、国土资源、环境保护等部门不得办理相关手续,金融机构不得发放贷款。

第九条　加气站项目的选址、设计、施工、竣工验收等应当按照有关法律法规规定的基本建设程序办理,依法取得压缩天然气工业产品生产许可、燃气经营许可、危险化学品经营许可和气瓶充装许可后方可经营。

第十条　加气站生产经营活动应当符合以下规定:

(一)建立健全安全管理责任制度;

(二)企业主要负责人、安全生产管理人员、特种设备作业人员按照国家规定考核合格;

(三)生产气体质量符合国家强制标准并予以公示,按照政府定价销售;

(四)在显著位置公示车用气瓶充装和使用的安全注意事项;

(五)使用符合国家规定的计量器具并定期检定;

(六)使用符合国家和省规定的站用设备设施,并按规定安装、检验、使用、维护、修理；

（七）建立业务记录和站用设施设备档案，按规定报送统计资料；

（八）制定安全事故应急救援预案并定期演练；

（九）其他法律法规规定。

第十一条 加气站应当执行车用气瓶充装安全技术规范，对有下列情形之一的车用气瓶禁止充装：

（一）无使用登记证或者与使用登记证不一致的；

（二）超期未检验或者定期检验不合格的；

（三）未进行安全状况检查或者经检查气瓶及专用装置有松动、损伤、泄漏等安全隐患的；

（四）驾驶和乘坐人员未离开车辆的。

第十二条 加气站因施工、检修等原因需要临时调整供气量或者暂停供气的，应当提前48h予以公告，并按有关规定及时恢复正常供气；因突发事件影响供气的，应当采取紧急措施并及时公告。

第十三条 加气站停业、歇业的，应当事先做出妥善安排，并在90个工作日前向所在地燃气管理部门报告，经批准方可停业、歇业。

第三章 车辆安全管理

第十四条 申请从事压缩天然气汽车改装业务，应当向省发展改革部门提出定点改装企业备案申请。具体条件和程序由省发展改革部门会同省直相关部门按照国家关于企业投资项目备案的规定和本办法制定，并向社会公布。

第十五条 申请从事压缩天然气汽车专用装置维修业务，应当向所在地市（州）道路运输管理机构提出定点维修企业备案申请。具体条件和程序由省交通运输管理部门会同省直相关部门按照国家关于机动车维修的规定和本办法制定，并向社会公布。

压缩天然气汽车（含整车和改装车）的专用装置应当由原生产企业和已备案的定点改装企业或者定点维修企业进行维修。

第十六条 定点改装企业经营活动应当符合以下规定：

（一）依法取得一类汽车维修经营许可和气瓶安装许可；

（二）建立健全安全管理责任制度；

（三）企业主要负责人及相关人员按照国家规定考核合格；

（四）按照国家规定安装、使用、维修车辆改装的设备设施；

（五）按照国家和省规定及技术规范进行改装，采用符合国家标准的车用气瓶及专用装置，车用气瓶安装过程经法定检验检测机构监督检验合格；

（六）按照国家和省有关标准及规范检验车辆，确保其安全性能和使用性能合格，并签发企业车辆改装合格证；

（七）建立改装业务记录和改装车辆档案，按规定报送统计资料。

第十七条　定点改装企业应当向改装车辆所有人（以下统称车主）告知相关安全使用知识，提供安全使用说明书，提交车辆改装合格证、车用气瓶安装监督检验证书等相关手续。

整车生产企业和定点改装企业应当对安装的车用气瓶进行气体置换或者抽真空处理。

第十八条　车主应当自车辆改装出厂之日起10日内，持车辆改装合格证、车用气瓶安装监督检验证书、车用气瓶使用登记证相关手续到公安机关交通管理部门办理改装车辆的登记备案。

从事营业性运输的改装车辆经登记备案后，应当经机动车综合性能检测合格，到道路运输管理机构办理相应变更手续。

第十九条　定点维修企业经营活动应当符合以下规定：

（一）依法取得二类以上汽车维修经营许可；

（二）建立健全安全管理责任制度；

（三）按照国家和省有关规定及技术规范进行维修、检验，确保维修质量合格；

（四）建立车辆维修档案，按规定报送统计资料。

第二十条　定点维修企业应当向车主告知相关安全使用知识，进行机动车二级维护、总成修理和整车修理的，应当提交机动车维修竣工出厂合格证。

第二十一条　压缩天然气汽车应当按照国家规定维护和定期检验，并按期报废。

压缩天然气汽车专用装置定期检验周期与车辆安全技术检验同步进行。定期检验时，公安机关交通管理部门应当查验车辆的车用气瓶使用登记证和专用装置检验合格证。

从事压缩天然气汽车专用装置的检验检测单位应当取得省质量监督管理部门颁发的机动车（含压缩天然气汽车）安全技术检验机构资格。

第二十二条　定点改装企业和定点维修企业应当按照备案范围从事改装与维修业务，不得超范围改装和维修。

车主改装车辆和维修车辆专用装置，应当交由定点改装企业和定点维修企业实施。

禁止擅自改装压缩天然气汽车和维修压缩天然气汽车专用装置。

第四章　气瓶安全管理

第二十三条　压缩天然气汽车所有人应当按照国家和省有关规定到车辆登

记所在地市(州)质量监督管理部门办理车用气瓶的使用登记手续,接受车用气瓶的动态监督管理。

第二十四条 压缩天然气汽车过户或者更换车用气瓶后,应当到原气瓶登记机关办理注销手续,重新办理车用气瓶使用登记手续,登记档案随车过户。

第二十五条 压缩天然气汽车所有人安装、拆卸或者更换车用气瓶,应当交由原车辆生产企业和已备案的定点改装企业或者法定检验检测机构实施,检验不合格或者已报废气瓶应当交由法定检验检测机构有偿回收,并进行破坏性处理。

第二十六条 使用车用气瓶,禁止下列行为:

(一)未办理车用气瓶使用登记手续;

(二)使用超期未检验、检验不合格或者已报废的;

(三)自行安装、拆卸、修理、更换、增加数量或者改变瓶体钢印、颜色标记;

(四)使用非压缩天然气车用气瓶或者非法制造的气瓶。

第二十七条 车用气瓶应当按照国家规定定期检验和报废更新。

对检验合格的车用气瓶,法定检验检测机构应当经气体置换处理后再交付使用。

对检验不合格气瓶和按规定报废气瓶,法定检验检测机构应当有偿回收,并进行破坏性处理。

第二十八条 压缩天然气汽车发生事故致使气瓶存在安全隐患的,应当立即停止使用,未经法定检验检测机构检测合格,不得继续使用。

第二十九条 车用气瓶销售企业应当销售取得制造许可资格企业生产的合格产品,并建立销售台账、进货查验及销售记录,内容包括:气瓶规格、型号、材质、编号、出厂合格证、质量状况等。

第三十条 公共客运、出租客运、大型物流等道路运输经营企业应当建立车用气瓶的安全管理责任制度,加强车用气瓶的日常检查,发现异常情况及时处理,并记入车用气瓶档案备查,内容包括:车辆出厂资料、气瓶使用登记证、气瓶定期检验记录、日常检查情况等。

第五章 监督管理

第三十一条 县级以上发展改革、燃气、安全监管、质量监督、交通运输、公安等部门应当履行监督管理职责,依法对加气站、定点改装企业和定点维修企业以及车用气瓶使用单位的生产经营活动进行监督检查,及时发现安全隐患、纠正违法行为,建立企业违法行为记录制度。

从事压缩天然气汽车生产经营活动的相关单位和个人应当依法接受有关部

门的监督管理。

第三十二条 建立全省压缩天然气汽车产业信息发布制度，由省发展改革部门会同省直相关部门公布下列信息：

（一）全省压缩天然气汽车产业总体情况；

（二）全省压缩天然气汽车加气站、整车出厂车辆生产企业、定点改装企业及定点维修企业名单等相关信息；

（三）压缩天然气汽车产业相关安全知识培训和服务信息；

（四）压缩天然气汽车加气站及站用特种设备、车辆及车用气瓶和专用装置的安全风险警示信息；

（五）其他重要信息。

省发展改革部门负责定期收集汇总行业统计数据及信息资料，并向社会发布，省直相关部门协同做好相关信息工作。

省燃气、质量监督、交通运输、安全监管等部门依据各自职责定期公布有关监督管理信息和违法企业的不良记录名单。

第三十三条 压缩天然气汽车生产经营活动中的安全事故调查与处理按照国家和省有关规定执行。

第三十四条 采用信息技术手段对全省车用气瓶实行动态监督管理，具体管理办法由省质量监督管理部门会同省直相关部门制定并向社会公布。

第三十五条 任何单位和个人有权向有关部门了解压缩天然气汽车产业相关信息并提出意见和建议，投诉举报压缩天然气汽车生产经营和使用中的违法行为。

有关监督管理部门应当公开投诉举报方式，接受社会监督，依法及时受理投诉与举报。

第六章 法律责任

第三十六条 违反本办法规定的行为，《中华人民共和国安全生产法》、《中华人民共和国城镇燃气管理条例》、《中华人民共和国特种设备安全监察条例》和《中华人民共和国道路运输管理条例》等有关法律法规已有规定的，从其规定。

第三十七条 违反本办法规定，擅自进行压缩天然气汽车改装或者进行专用装置维修的，由县级以上道路运输管理机构按照《四川省道路运输管理条例》予以处罚。

第三十八条 违反本办法第十条第四项或者第十一条第四项规定的，由县级以上质量监督管理部门责令改正，逾期不改的，处以1000元以上5000元以下罚款。

第三十九条 违反本办法第十八条第一款规定，由公安机关交通管理部门处以警告或者200元以下罚款。

第四十条 有下列情形之一的，由县级以上质量监督管理部门责令改正，处以5000元以上2万元以下罚款，对于第二项中情节严重的，撤销其检验资格。

（一）加气站违反第十一条第一项至第三项规定之一的；

（二）法定检验检测机构违反第二十七条第二款或者第三款规定的。

第四十一条 违反第二十六条第一项、第二项和第四项规定的，由县级以上质量监督管理部门按照《中华人民共和国特种设备安全监察条例》予以处罚；对违反第三项规定的，责令改正，处以5000元以上2万元以下罚款，但对于非营利性行为，处以1000元以下罚款。

第四十二条 从事压缩天然气汽车监督管理的国家工作人员以权谋私、滥用职权、徇私舞弊、玩忽职守的，依法给予行政处分；构成犯罪的，依法追究刑事责任。

第七章 附 则

第四十三条 液化天然气汽车、液化石油气汽车的安全管理参照本办法执行。

第四十四条 本办法所称压缩天然气汽车专用装置引用国家标准《天然气汽车和液化石油气汽车 词汇》（GB/T 17895—1999）。

第四十五条 本办法自2012年2月1日起施行。

四川省机动车维修管理办法

（四川省人民政府令第210号）

第一条 为规范机动车维修经营活动，维护机动车维修市场秩序，保障机动车运行安全和维修质量，保护机动车维修各方当事人的合法权益，根据《中华人民共和国道路运输条例》和《四川省道路运输管理条例》，结合四川省实际，制定本办法。

第二条 凡在四川省行政区域内从事机动车维修经营的单位和个人（以下简称机动车维修经营者），应当遵守本办法。

第三条 县级以上交通行政主管部门主管本行政区域内的机动车维修管理工作，县级以上道路运输管理机构负责具体实施管理工作。

第四条 机动车维修分为一类汽车维修、二类汽车维修、三类汽车专项维修和一类摩托车维修、二类摩托车维修。维修车型分为小型客车(含轿车)、大中型客车、货车(含工程车辆)和摩托车。

第五条 申请从事汽车维修经营的,其维修类别和维修车型应当符合《汽车维修业开业条件》(GB/T 16739)。从事一类汽车维修经营向所在地市(州)道路运输管理机构提出申请,从事二类汽车维修经营、三类汽车专项维修经营向所在地县级道路运输管理机构提出申请。

第六条 申请从事一类摩托车维修、二类摩托车维修经营的,应当符合《摩托车维修业开业条件》(GB/T 18189),向所在地县级道路运输管理机构提出申请。

第七条 从事危险货物运输车辆维修的经营者,除具备一类汽车维修经营条件外,还应当具备下列条件:

(一)与作业内容相适应的专用维修车间和设备、设施,并设置明显的指示性标志;

(二)完善的突发事件应急预案,应急预案包括报告程序、应急指挥、处置措施等内容;

(三)相应的安全管理人员和完善的安全操作规程;

(四)相应的环境保护措施。

前款所称危险货物运输车辆维修,是指对运输易燃、易爆、腐蚀、放射性、剧毒等性质货物的机动车辆维修,不包含危险货物运输车辆罐体的维修。

第八条 受理机动车维修经营申请的道路运输管理机构应当自受理申请之日起15日内做出准予许可或者不予许可的决定。对符合法定条件的,做出准予许可的决定,向申请人颁发道路运输经营许可证,并在经营范围中注明维修车型和维修类别;对不符合法定条件的,做出不予许可的决定,并说明理由。

申请人取得道路运输经营许可证后,应当依法向工商行政管理等机关办理相关手续,并在经营许可证的经营范围内从事维修经营活动。

第九条 对一、二类汽车维修经营的申请,受理的道路运输管理机构应当进行公示;对做出准予许可决定的,应当报上级道路运输管理机构备案。

第十条 申请从事机动车维修连锁经营的,由连锁经营企业总部按照本办法第五条、第六条规定,向连锁经营服务网点所在地道路运输管理机构提出申请。

第十一条 申请机动车维修连锁经营服务网点的,应当提交以下材料:

(一)机动车维修连锁经营企业总部的机动车维修经营许可证;

(二)连锁经营协议书副本;

(三)连锁经营的作业标准和管理手册;

(四)连锁经营服务网点符合机动车维修经营相应开业条件的承诺书。

道路运输管理机构在查验申请资料齐全有效后,应当在5日内予以许可,并发给相应许可证件。连锁经营服务网点的经营许可项目应当在机动车维修连锁经营企业总部许可项目的范围内。

第十二条 机动车维修经营者变更许可事项的，应当按照有关规定重新办理许可事宜。

机动车维修经营者变更名称、法定代表人、地址等事项的，应当到道路运输管理机构办理变更手续；终止经营的，应当在终止经营前30日告知原许可的道路运输管理机构办理注销手续。

第十三条 取得一类汽车维修经营许可的，可以从事相应车型的整车修理、总成修理、一级和二级维护、小修、维修救援、专项维修和竣工检验工作。

取得二类汽车维修经营许可的，可以从事相应车型的总成修理、一级和二级维护、小修、维修救援、专项维修和竣工检验工作，竣工检验中的检测部分应当外协。取得三类汽车专项维修经营许可的，可以从事发动机、车身、电气系统、自动变速器、车身清洁维护、涂漆、轮胎动平衡及修补、四轮定位检测调整、供油系统维护及油品更换、喷油泵及喷油器维修、曲轴修磨、汽缸镗磨、散热器维修、空调维修、车辆装潢（篷布、坐垫及内装饰）、车辆玻璃安装等专项维修和竣工检验工作。

第十四条 取得一类摩托车维修经营许可的，可以从事摩托车整车修理、总成修理、整车维护、小修、专项维修和竣工检验工作。取得二类摩托车维修经营许可的，可以从事摩托车整车维护、小修、专项维修和竣工检验工作。

第十五条 机动车维修经营者应当按照环境保护规定处置废水、废气、废料等，防止环境污染。

第十六条 机动车维修经营者应当执行有关机动车维修的国家、行业和地方标准，保证机动车维修质量。尚未制定标准的，参照机动车生产企业提供的维修手册和有关技术规范进行维修。

在维修过程中需要增加维修项目或者扩大维修范围的，应当事先征得托修方同意，并在维修合同中明确。

第十七条 机动车维修经营者应当建立维修配件采购登记制度，将原厂配件、副厂配件、旧配件和修复配件分别标识，明码标价，供托修方自行选择使用。使用旧配件或者修复配件维修机动车的，应当征得托修方的书面同意。

第十八条 机动车维修经营者承修车辆，发现有伪造证明、证件，车辆发动机号、车架号码有明显改动或者破坏痕迹等情况的，应当向公安机关报告。未报告的，一经查实，由公安机关按照有关法律、法规、规章予以处理。

第十九条 机动车维修经营者承接机动车二级维护、总成修理和整车修理，应当与托修方签订维修合同，实行维修前诊断检验、维修过程检验和竣工质量检验制度，建立维修档案并保存2年，竣工出厂时经维修质量检验合格的，维修质量检验员应当签发机动车维修竣工出厂合格证。

第二十条 机动车维修经营者应当在经营场所的醒目位置悬挂机动车维修经营许可证和机动车维修标志牌,公布机动车维修工时定额和结算单价,并将工时定额和结算单价向发放经营许可证的道路运输管理机构备案。工时定额和结算单价备案后3个月内不得随意调整。

第二十一条 机动车维修实行竣工出厂质量保证期制度。汽车整车修理和总成修理的质量保证期为行驶2万km或者100日;二级维护的质量保证期为行驶5000km或者30日;一级维护、小修和专项维修的质量保证期为行驶2000km或者10日。摩托车整车修理和总成修理的质量保证期为行驶7000km或者80日;整车维护、小修和专项维修的质量保证期为行驶800km或者10日。以上行驶里程和日期指标以先达到者为准。在机动车维修质量保证期内,因维修质量造成机械故障和直接经济损失的,经营者应当及时无偿修复和赔偿,并依法承担相应责任。

第二十二条 机动车维修技术负责人员、有关维修人员、质量检验员等从业人员,应当按照国家和我省有关规定经过考核合格,取得相应从业资格证后方可从业。机动车维修经营者应当聘用符合前款规定的人员从业。

第二十三条 道路运输管理机构应当受理机动车维修质量投诉,按照维修合同的约定和相关规定调解维修质量纠纷。

第二十四条 道路运输管理机构应当对机动车维修经营者的经营条件、经营行为等进行监督检查,机动车维修经营者应当接受道路运输管理机构的监督检查。

第二十五条 道路运输管理机构应当建立机动车维修经营者质量信誉档案,定期对机动车维修经营者的质量信誉情况进行考评,并向社会公布;考评结果作为对机动车维修经营者扩大经营范围、企业评级、政府公务车维修招投标的依据。

第二十六条 违反本办法规定,有下列行为之一的,由县级以上道路运输管理机构对经营者予以警告,责令限期改正;拒不改正的,可以处200元以上1000元以下的罚款:

(一)变更名称、法定代表人、地址等事项,未办理变更手续的;

(二)未按规定悬挂经营许可证和维修标志牌的,或者未按规定公布机动车维修工时定额和结算单价的,或者维修工时定额和收费标准未按规定备案的;

(三)未执行维修配件采购登记制度的。

第二十七条 违反本办法规定,有下列行为之一的,由县级以上道路运输管理机构责令经营者改正,可以并处1000元以上3000元以下的罚款:

(一)未按规定进行维修前诊断和维修过程检验的;

（二）高于公布的维修工时定额和结算单价收费的；

（三）聘用不符合第二十二条规定的人员从事维修作业的。

第二十八条 违反本办法规定，有下列行为之一的，由县级以上道路运输管理机构责令经营者限期改正，拒不改正的，可以处1000元以上1万元以下的罚款：

（一）未按许可的经营范围进行维修作业的；

（二）机动车维修经营者变更许可事项未按照规定重新办理许可事宜的；

（三）未按照机动车维修技术标准，或者生产厂家的维修手册，或者有关技术规范进行维修作业的；

（四）虚列维修项目或者只收费不维修的。

第二十九条 违反机动车维修管理规定，其他法律、法规、规章已有处罚规定的，从其规定。

第三十条 本办法所称机动车维修经营，是指以维持或者恢复机动车技术状况和正常功能，延长机动车使用寿命为作业任务所进行的维护、修理以及维修救援等相关经营活动。

第三十一条 本办法自2007年5月25日起施行。1988年1月6日四川省人民政府川府发〔1988〕6号文件印发，1997年12月29日四川省人民政府令第103号发布的《四川省汽车维修行业管理办法》同时废止。

四川省交通运输厅关于印发《四川省压缩天然气汽车专用装置定点维修企业备案管理规定》的通知

（川交函〔2012〕799号）

各市（州）交通运输局（委），厅直有关单位：

为贯彻落实《四川省压缩天然气汽车安全管理办法》（四川省人民政府令〔2011〕256号）要求，加强压缩天然气汽车安全管理，保障公民生命、财产安全和公共安全，促进压缩天然气汽车产业健康发展，规范压缩天然气汽车专用装置维修市场秩序，厅制定了《四川省压缩天然气汽车专用装置定点维修企业备案管理规定》，现印发给你们，请认真遵照执行。

四川省交通运输厅

2012年10月9日

四川省压缩天然气汽车专用装置定点维修企业备案管理规定

第一条 为规范四川省压缩天然气汽车专用装置定点维修企业备案工作，促进压缩天然气汽车维修的健康发展，根据《四川省压缩天然气汽车安全管理办法》、《四川省机动车维修管理办法》和《压缩天然气汽车维护、检测技术规范》，结合本省实际，制定本规定。

第二条 四川省行政区域内申请从事压缩天然气汽车专用装置定点维修业务的企业，应当遵守本规定。

第三条 市（州）交通运输行政主管部门负责组织领导本行政区域内压缩天然气汽车专用装置定点维修企业（以下简称定点维修企业）的备案工作，市（州）道路运输管理机构负责具体实施定点维修企业的备案，县级道路运输管理机构负责定点维修企业的日常监督和管理工作。

第四条 从事压缩天然气汽车专用装置定点维修业务的企业，除具备二类以上汽车维修经营开业条件外，还应具备下列条件：

（一）有与作业内容相适应的独立的专用维修车间，并有警示标志，厂房面积应与生产规模相适应。厂房内有通风装置，环保、防火安全条件符合有关法律、法规的规定。

（二）在停车场内有与其生产规模相适应的专用停车位及警示标志。

（三）有与其经营业务相适应的压缩天然气汽车维修设施、设备：气体泄漏检测仪；气体压力及流量检测设备。所配备的计量设备应当符合国家有关技术标准要求，并经法定检定机构检定合格。

（四）有从事压缩天然气汽车专用装置维修业务的技术工人、质量检验员和管理人员，并经过相关业务培训，具备压缩天然气汽车专用装置维修的专业知识。

（五）有健全的压缩天然气汽车专用装置维修的安全生产管理责任制度：

（1）具有压缩天然气汽车专用装置维修安全管理制度、安全防护措施、应急预案、安全操作规程；

（2）具有压缩天然气汽车专用装置维修安全生产检查及事故隐患排查、整改制度；

（3）具有压缩天然气汽车专用装置维修安全生产目标管理和责任追究制度；

（4）具有压缩天然气汽车专用装置维修现场安全管理和岗位安全生产标准化操作制度。

（六）有健全的压缩天然气汽车专用装置维修的质量保证和环保制度：

（1）具有相应的压缩天然气汽车专用装置维修技术规范；

（2）具有压缩天然气汽车专用装置维修质量保证制度；

（3）具有压缩天然气汽车专用装置维修的环境保护管理制度和环境保护措施。

第五条 申请从事压缩天然气汽车专用装置定点维修业务的企业，应向所在地市（州）道路运输管理机构提出备案申请，并提交下列材料（一式二份）：

（一）《四川省压缩天然气汽车专用装置定点维修企业备案申请表》；

（二）企业工商营业执照副本复印件；

（三）二类以上汽车维修经营许可证原件及复印件；

（四）压缩天然气汽车专用装置维修技术规范；

（五）经营场地、停车场地证明材料；

（六）安全、质量、环保管理制度文本；

（七）技术人员汇总表及从业资格证复印件；

（八）压缩天然气汽车专用装置维修检测设备及计量设备检定合格证复印件。

申报企业应对其提交的材料的真实性负责。

第六条 市（州）道路运输管理机构受理备案申请后，应向申请企业所在地县级道路运输管理机构发送《压缩天然气汽车专用装置定点维修企业备案征求意见函》，县级道路运输管理机构应在5日内将意见反馈市（州）道路运输管理机构。

市（州）道路运输管理机构根据征求意见结果和对申请材料的审查，在10日内做出备案决定。市（州）道路运输管理机构受理备案申请后，视情可组织相关专家进行现场查验。市（州）道路运输管理机构组织相关专家进行现场查验所需时间不计入规定的期限内。

对准予备案的，应向申请人出具《四川省压缩天然气汽车专用装置定点维修企业准予备案决定书》。对不予备案的，应向申请人出具《四川省压缩天然气汽车专用装置定点维修企业不予备案决定书》，并说明理由。

第七条 定点维修企业备案后，市（州）道路运输管理机构应在办公场所、相关媒体或网站公布；定点维修企业应在经营场所的醒目位置悬挂压缩天然气汽车专用装置定点维修企业标志牌。标志牌由定点维修企业按照统一式样和要求自行制作。

第八条 定点维修企业的备案有效期应与其汽车维修许可证的有效期一致。定点维修企业在备案有效期满前30日，应当到所在地的市（州）道路运输管理机构办理备案延续手续。

定点维修企业在备案有效期内，如丧失或部分丧失规定的备案条件的，由做出备案决定的市（州）道路运输管理机构撤销备案决定。

第九条　定点维修企业变更名称、法定代表人、地址等事项，应及时以书面形式向所在地的市（州）道路运输管理机构申请备案变更。未经备案变更的，视情责令其整改或取消定点维修企业资格。

定点维修企业需要终止经营的，应当在终止经营前30日书面告知所在地的市（州）道路运输管理机构，并办理注销手续。

第十条　定点维修企业应按照备案范围从事维修业务。未按本规定取得压缩天然气汽车专用装置定点维修企业备案的企业，不得从事压缩天然气汽车专用装置维修业务。

车主送修压缩天然气汽车专用装置，应当交由定点维修企业实施。营运压缩天然气汽车的整车维修和二级维护应由定点维修企业实施。

第十一条　道路运输管理机构应加强对定点维修企业的监督检查。对违反法律、法规、规章和本规定的行为，根据相关法律、法规、规章的规定处理。

第十二条　申请液化天然气、液化石油气汽车专用装置定点维修企业备案的，参照本规定执行。

第十三条　本规定的解释权归省交通运输厅。

第十四条　本规定自发布之日起30日后实施。

附录二　相关标准

机动车运行安全技术条件

GB 7258—2012

（部分摘录）

12.6　气体燃料专用装置的安全防护

12.6.1　气体燃料的供给系统应有有效的安全保护结构措施，以防止气体泄漏，每一个钢瓶阀出口端都应安装高压过流保护装置。

12.6.2　对于两用燃料汽车，应设置燃料转换系统并安装燃料转换开关。在燃料控制上，应具有当发动机突然停止运转时，即使点火开关打开也能自动切断气体燃料供给的功能。燃料转换开关的安装位置应便于驾驶人操作，其挡位标记应当明显，能分别控制供油、供气两种状态。气体燃料和汽油电磁阀的操作均应由燃料转换开关统一控制；当电流被切断时，电磁阀应处于“关闭”位置。

12.6.3　压缩天然气管路应采用不锈钢管或其他车用高压天然气专用管路，高压液化石油气管路应采用专用管路。不准许用户改动或加装钢瓶。

12.6.4　钢瓶应被可靠地固定在车上，安装钢瓶的固定座应具有阻止钢瓶旋转、移动的能力，固定座应便于拆装工作。钢瓶安装在车上后，钢瓶编号应易见，钢瓶的强度和刚度不得下降，车架（车身）结构强度也不应受影响。

12.6.5　钢瓶安装位置应远离热源，必要时应采取隔热措施。在任何情况下，钢瓶及其所有高压管路和高压接头与发动机排气管和传动轴的任何部位之间的距离应大于等于100mm；当钢瓶及其所有高压管路和高压接头与发动机排气管的距离在100～200mm之间时，应设置固定可靠的隔热装置。

12.6.6　钢瓶应安装在通风位置或采取有效的通风措施，阀门渗漏的气体不应进入驾驶室或载人车厢。

12.6.7　钢瓶与汽车后轮廓边缘的距离应大于等于200mm。钢瓶安装在汽车车架下时，钢瓶下方和后方应采取有效防护措施且钢瓶及其附件不得布置在汽车前轴之前。

12.6.8 钢瓶不得直接安装在驾驶室、载人车厢和货箱内。当不得不安装在上述位置时，应用密封盒、波纹管及通气接口将瓶口阀及连接的高压接头与驾驶室、载人车厢或货箱安全隔离。密封盒等隔离装置应有很强的防护功能，当车辆受到冲撞时应能有效地防止钢瓶冲入驾驶室、载人车厢或货箱内。

12.6.9 通气接口排气方向应指向车尾方向并与地面成45°圆锥的范围内，能将泄漏气体排出车外，通气接口至排气管和其他热源距离应大于等于250mm，通气总面积应大于等于450mm^2。

12.6.10 钢瓶的安装和保护罩的设置，应能保证钢瓶集成阀的正常操作和检查。

12.6.11 手动截止阀应安装在钢瓶到调压器之间易于操作的位置，阀体不得直接安装在驾驶室内。

12.6.12 钢瓶至调压器之间应安装滤清装置，并易于检查、清洗和更换。

12.6.13 高压管路的特殊部位（如相对移动的部件之间）应采用柔性管线，其余部位应采用刚性管线。

12.6.14 刚性高压管路应排列整齐、布置合理、固定有效，不得与相邻部件碰撞和摩擦，所有高压管路和高压管接头应得到有效的保护，高压管接头应安装在能看得见且操作者易于接近的位置。

12.6.15 气体燃料车辆应安装泄漏报警装置，所有管路接头处均不应出现漏气现象。

压缩天然气汽车维护技术规范

GB/T 27876—2011

1 范围

本标准规定了压缩天然气（以下简称CNG）汽车维护的作业安全、分级和周期、基本作业项目和技术要求以及质量保证。

本标准适用于压缩天然气汽车，包括压缩天然气单燃料汽车和压缩天然气/汽油两用燃料汽车。

2 规范性引用文件

下列文件对于本文件的应用是必不可少的。凡是注日期的引用文件，仅注日期的版本适用于本文件。凡是不注日期的引用文件，其最新版本（包括所有的修改单）适用于本文件。

GB 17258《汽车用压缩天然气钢瓶》

GB/T 17676《天然气汽车和液化石油气汽车　标志》

GB/T 17895《天然气汽车和液化石油气汽车　词汇》

GB 18285《点燃式发动机汽车排气污染物排放限值及测量方法(双怠速法及简易工况法)》

GB/T 18344《汽车维护、检测、诊断技术规范》

GB/T 19240《压缩天然气汽车专用装置的安装要求》

GB/T 20735《汽车用压缩天然气减压调节器》

GB 24160《车用压缩天然气钢质内胆环向缠绕气瓶》

TSG R0009《车用气瓶安全技术监察规程》

3　术语和定义

GB/T 17895 所确立的术语和定义适用于本文件。

4　作业安全

4.1　CNG 汽车维护作业应在符合安全防护要求的专用车间内进行，车间应通风良好，顶部不应有可能形成气体积聚的死角，在有 CNG 可能泄漏的场所应明示防明火、防静电的标志。

4.2　CNG 汽车维护作业前，应首先进行 CNG 专用装置的密封性检查，如有泄漏应先排除故障，在确认系统密封良好后再进行维护作业。

4.3　维护作业中应先进行涉及 CNG 使用的检查、维护等作业，然后关闭储气瓶截止阀并使管路内的 CNG 排尽，再进行其他项目的维护。

4.4　当需要进行焊割等有明火的作业时，应拆掉蓄电池及重要总成的电控元件。应安全拆卸气瓶并放入专用库房妥善保管；或在符合安全防护要求的专用场地将 CNG 供气系统(包括储气瓶)卸压，严禁带压作业，保证供气系统内无 CNG。

4.5　如需在气瓶附近打磨或切割时，应先将其拆掉或有效隔离。应由具备认可资格的单位、人员从事气瓶维护与检测，严禁在气瓶上进行挖补、焊割等作业。

4.6　CNG 汽车如发生漏气，应立即关闭电源和储气瓶截止阀，然后在专用场地进行处理。如果高压管路破裂或脱落导致气体大量泄漏而无法关闭储气瓶截止阀时，应立即将现场进行隔离，不允许人、车入内，隔离火源，待天然气散尽后再作处理。

4.7　如发生火情，除立即关闭电源和储气瓶截止阀外，应隔离现场，立即采取有效的灭火与救援措施。

4.8　气瓶储存、使用应符合 TSG R0009 和有关部门的规定。

5 分级和周期

5.1 CNG 汽车的维护分为日常维护、一级维护、二级维护。日常维护由驾驶人进行,一级维护、二级维护由取得 CNG 汽车维修资格的汽车维修企业进行。

5.2 CNG 汽车维护的周期应符 GB/T 18344 规定,如 CNG 汽车制造企业有特殊要求,应参照执行。

6 基本作业项目和技术要求

6.1 CNG 汽车日常维护

6.1.1 驾驶人应在出车前、行车中和收车后对车辆进行日常维护,并重点查看并确认 CNG 专用装置有无泄漏和异常情况。

6.1.2 除 GB/T 18344 规定外,还需进行的作业内容:

——检视 CNG 专用装置各功能部件、系统的工作状态及其连接和密封,要求状态正常且无松动、泄漏、损坏。气瓶及固定支架牢固、无损伤,必要时更换;CNG 管线不得与其他部件擦碰。

——检查 CNG 储气量,降至规定值以下时应立即加充 CNG。

——对于 CNG/汽油两用燃料汽车,所用的 CNG 和汽油应符合车辆使用规定及燃料质量要求。当长期使用燃油时,应把储气瓶的燃气用完;当交替使用两种燃料时,应确保两种燃料供给及其转换系统工作正常。

——行车中,应随时观察车辆各系统工作状况,当发现 CNG 专用装置有过热、过冷、异味等异常现象时,应立即关闭 CNG 储气瓶截止阀,并及时送 CNG 汽车维修企业进行维修。

6.2 CNG 汽车一级维护

除 GB/T18344 规定的基本作业项目外,增加的基本作业项目、作业内容及技术要求见表 1。

CNG 汽车一级维护增加的基本作业项目、作业内容及技术要求 表 1

序号	作业项目		作业内容	技术要求
1	储气装置	CNG 气瓶及固定支架	(1)检查气瓶检定证明; (2)检查气瓶外观; (3)检查气瓶紧固情况	(1)气瓶检定审验有效; (2)气瓶表面无严重划伤、凹凸、裂纹等缺陷; (3)固定支架扎带完好、无裂纹,固定牢固,垫层完好、无损坏,气瓶固定可靠,无窜动和旋动现象; (4)安装位置、方式符合 GB/T 19240 的要求
2		CNG 管路及卡箍	(1)检查紧固管路及接头; (2)检查各连接部位有无泄漏	(1)高压管路及接头无擦伤及其他损伤; (2)接头紧固良好,无漏气现象; (3)软管无老化、油垢、裂纹,连接可靠,与其他部件无擦碰; (4)卡箍齐全完好,安装牢固,位置布局合理 (5)安装位置、方式符合 GB/T 19240 的要求

续上表

序号	作业项目		作业内容	技术要求
3	储气装置	手动截止阀、充气阀、组合阀等各类控制阀及相关仪表	检查密封和工作性能	(1)各种阀密封良好、开闭灵活有效，相关仪表工作正常、安装牢固可靠； (2)安装位置、方式符合 GB/T 19240 和出厂技术规定要求
4	储气装置	加气口	(1)检查加气口的安装及紧固情况； (2)检查止回阀	(1)加气口固定牢固、清洁； (2)加气口、止回阀工作可靠无漏气现象，防尘盖可靠有效
5	CNG供给装置	减压调节器	(1)外观检查； (2)卸下排污塞，放掉残液； (3)检查滤网、滤芯，必要时清洗； (4)视情检修调试各部件	(1)外观清洁，安装牢固，无泄漏现象； (2)各部件性能良好
6	CNG供给装置	混合器	检查各部件连接状况和接口密封状况	(1)混合器清洁，装配正确，牢固可靠； (2)各气道通畅、无阻塞、无泄漏
7	CNG供给装置	高压电磁阀	检查各电磁阀及其控制装置技术状况	连接可靠、工作正常
8	CNG供给装置	CNG 电喷控制装置	检查使用性能	各参数均正常
9	燃料转换及控制要求	燃料转换开关及仪表	(1)检查开关使用性能； (2)检查压力显示器性能	(1)燃料转换开关标识准确，转换灵活、可靠； (2)压力显示与储气瓶气压协调一致
10	燃料转换及控制要求	CNG 电磁阀	(1)检查安装接线情况； (2)检查使用性能	(1)接线牢固，可靠； (2)开闭性能良好，无泄漏
11	燃料转换及控制要求	汽油电磁阀及管路	(1)检查安装及接线情况； (2)检查油路及接头； (3)检查使用性能	(1)电磁阀及油管安装牢固，管路无碰擦现象； (2)汽油管路无老化及损伤，接头密封良好； (3)电磁阀开闭性能良好，无泄漏
12	燃料转换及控制要求	线束	检查线束及接头	线束插接可靠，无破损及摩擦现象
13	整车		(1)工作性能测试； (2)标志检查	(1)燃料供给系统工作正常； (2)CNG 汽车标志符合 GB/T 17676 规定

6.3 CNG 汽车二级维护

6.3.1 CNG 汽车二级维护作业应按照 GB/T 18344 规定的作业过程进行维护前检验、过程检验和竣工检验，并依据进厂检验结果及车辆实际技术状况确定附加作业项目或内容。

6.3.2 除 GB/T 18344 规定的基本作业项目外，增加的基本作业项目、作业内容及技术要求见表 2。

CNG汽车二级维护增加的基本作业项目、作业内容及技术要求 表2

序号	作业项目		作业内容	技术要求
1	储气装置	CNG气瓶及固定支架	(1)检查气瓶检定证明； (2)紧固连接部位； (3)视情更换安全装置	(1)气瓶检定审验有效； (2)气瓶及支架安装紧固，安装位置符合GB/T 19240的规定； (3)气瓶有下列情况应更换： ——瓶体或附件出现裂纹、灼伤、鼓疱、渗漏或明显的凹陷、膨胀、弯曲； ——外表明显损伤、瓶口螺纹损伤或严重锈蚀； (4)更换用的气瓶应符合GB 17258、GB 24160的规定
2		CNG管路及卡箍	(1)检查紧固卡箍、高压管路及接头； (2)视情更换密封圈、卡箍、管路及接头； (3)检查导流管	(1)管路及接头无损伤及挤压变形，CNG管路无老化、腐蚀，与相邻部件无碰擦现象； (2)接头紧固良好，无漏气、阻塞现象，涂检漏液至少观察1min后，无气泡出现； (3)卡箍齐全完好，安装牢固，位置布局合理
3		手动截止阀、充气阀、组合阀等各类控制阀及相关仪表	(1)紧固阀门接头 (2)检查各阀门工作性能及接口有无泄漏； (3)视情拆检阀门，更换密封圈、密封垫	阀门开关灵活，紧固处无松动，阀门无泄漏，性能满足要求
4		加气口	(1)清洁、紧固加气口； (2)视情更换单向阀阀芯及防尘盖	(1)加气口无油污、灰尘； (2)止回阀工作8可靠，无渗漏； (3)防尘盖完好
5		压力传感器及压力表	(1)紧固压力传感器螺栓； (2)视情送检或更换压力表	(1)传感器信号准确，压力表显示准确； (2)连接处无泄漏
6	CNG供给装置	滤清器	清洁或更换滤网或毛毡	清洁、工作良好
7		高压电磁阀	清除电磁阀滤芯中的杂物、沉淀物，必要时更换	工作正常
8		安全阀	检查	在标定压力范围内能及时开启和关闭
9		减压调节器	(1)拆检总成，清洁各工作腔，定期更换滤网； (2)高压进气装置泄漏检查，视情更换密封圈； (3)检查各级压力，视情更换弹簧、膜片； (4)检查安全阀 (5)检查热循环装置，并视情更换恒温器、密封胶圈等部件	(1)装配好后减压调节器外观清洁，工作正常、可靠； (2)各处无泄漏，气密性等指标符合GB/T 20735的规定； (3)安全阀工作可靠； (4)热循环装置工作正常，各密封胶圈完好，水管及接头无漏水现象

续上表

序号	作业项目		作业内容	技术要求
10	CNG供给装置	混合器	(1)拆洗混合器各部件; (2)检查、更换密封胶圈	(1)各部件清洁; (2)各处密封良好,无泄漏,工作正常,连接牢固、可靠
11		低压管路及卡箍	检查并视情更换	(1)管路完好,无泄漏; (2)卡箍齐全完好,安装牢固,位置布局合理
12	燃料转换及控制装置	燃料转换开关及仪表	(1)检查开关及控制电路; (2)检查电源、插接件及搭铁是否良好; (3)视情更换相关部件; (4)检查仪表	(1)开关标识准确,转换灵活、可靠; (2)开关转换至“气”位时,当发动机不运转时,气路电磁阀能在规定时间范围内自动关闭; (3)各接插件及搭铁性能良好; (4)气量显示正确
13		线束	(1)清理、检查线束; (2)视情更换线束或接头	(1)线束连接可靠,无磨损现象; (2)线束接头连接正确、可靠; (3)电路电源连接正确
14		CNG 电磁阀	(1)检查工作性能; (2)检查线圈电阻值	(1)开闭灵活可靠,关闭时密封良好,不漏气; (2)线圈电阻值符合规定要求
15		汽油电磁阀	检查工作性能	开闭灵活可靠,关闭时密封良好,不漏油
16		步进电动机	检查、调整	工作正常
17		电控单元(ECU)及传感器	用故障诊断仪检查各传感器信号及电控系统工作性能	各传感器信号正常,系统无故障码显示,工作正常、可靠
18		泄漏报警装置	检查工作性能	装有泄漏报警装置的汽车,报警装置应完好,功能有效

6.3.3 二级维护基本作业项目完成后,应进行发动机性能调试,按要求调整发动机点火提前角、火花塞间隙等,使发动机达到正常工作状态。

6.4 CNG 汽车二级维护竣工检验

6.4.1 检验要求。

CNG 汽车二级维护竣工检验除执行 GB/T 18344 规定内容外,同时还应进行紧固程度、气密性、排放性能和标志等项目的检验。

6.4.2 紧固程度检验。

6.4.2.1 储气瓶、管路、电路及专用装置等主要部件安装紧固程度应符合相关技术要求,卡固可靠,无窜动、松动现象。

6.4.2.2 各类控制阀阀门接头、管路连接处应连接可靠,无松动。

6.4.3 气密性检验。

6.4.3.1 储气装置、燃料供给装置、燃料转换及控制装置应密封良好,无气体泄漏。检验方法可采用检漏液检验或气体检漏仪检验方法进行:

——检漏液检验方法:在各部件正常工作压力下,用肥皂水等非腐蚀性起泡水涂于所有管路接头上，观察有无气泡持续产生，试验持续时间不得少于1min；

——气体检漏仪检验方法：使用气体检漏仪检查所有管路接头，不应出现漏气现象。当气体检漏仪发现泄漏后，需采用检漏液检验方法确定泄漏部位。

6.4.3.2　如管路有气体泄漏，应关闭气瓶阀，待管路中的气体排出后，再紧固接头。不应带压紧固。

6.4.4　排放性能。

符合 GB 18285 及相关要求的规定。

6.4.5　CNG 汽车标志。

符合 GB/T 17676 的规定。

7　质量保证

7.1　维修企业应对所承修的 CNG 汽车实施进厂检验、过程检验和竣工检验，除了填写 GB/T 18344 要求的检验单外，还应填写 CNG 汽车二级维护检验单（样式参见附录 A）。各种检验单均应归入维修档案。

7.2　二级维护竣工出厂的汽车应由取得行业主管部门核发的维修质量检验员资格，并经过 CNG 汽车维修专业技术培训的专职检验员签发竣工出厂合格证。

7.3　承担汽车二级维护竣工检验的检测机构或维修企业，应当使用符合有关标准的检测设备，并在检定有效期内。

7.4　汽车维护的质量保证期，自签发维修竣工出厂合格证之日起，一级维护车辆行驶不少于2000 km 或 10 日；二级维护车辆行驶不少于 5 000 km 或 30 日，以先到者为准。

附录 A
（资料性附录）
CNG 汽车二级维护检验单

CNG 汽车二级维护进厂检验、过程检验、竣工检验单分别见表 A.1、表 A.2 和表 A.3。

二级维护进厂检验单　　表 A.1

托修方		联系电话	
车辆牌号		车辆型号	
进厂日期		进厂编号	
发动机号码		底盘号码	
里程表读数		上次维护时间	

续上表

<table>
<tr><td colspan="4">检验项目及检验结果</td></tr>
<tr><td>检 验 项 目</td><td>检 验 结 果</td><td>检 验 项 目</td><td>检 验 结 果</td></tr>
<tr><td>起动性能</td><td></td><td>怠速工况稳定性</td><td></td></tr>
<tr><td>加速工况稳定性</td><td></td><td>燃气系统密封性</td><td></td></tr>
<tr><td>冷却液温度</td><td></td><td>油温</td><td></td></tr>
<tr><td>异响</td><td></td><td>燃料转换正常、可靠</td><td></td></tr>
<tr><td>CNG 气瓶及固定支架</td><td></td><td>仪表工作状况</td><td></td></tr>
<tr><td>电路连接可靠</td><td></td><td>CNG 管路及卡箍</td><td></td></tr>
<tr><td>电控单元无故障码</td><td></td><td>泄漏报警装置</td><td></td></tr>
<tr><td>技术档案及车主
反映的车辆状况</td><td colspan="3"></td></tr>
<tr><td>附加作业项目</td><td colspan="3"></td></tr>
<tr><td colspan="4">检验结果：完好填“√”；损坏填“×”；缺少填“○”</td></tr>
<tr><td colspan="2">检验员签字：

维护厂家(签章)　　　　年　　月　　日</td><td colspan="2">送修人签字：

年　　月　　日</td></tr>
</table>

注：GB/T 18344 规定的进厂检验项目由企业自行制表。

二级维护过程检验单

表 A. 2

<table>
<tr><td>托修方</td><td colspan="2"></td><td>车辆牌号</td><td></td><td>车辆型号</td><td></td></tr>
<tr><td>合同编号</td><td colspan="2"></td><td>发动机号</td><td></td><td>底盘号</td><td></td></tr>
<tr><td colspan="2">检 验 项 目</td><td colspan="4">检验数据及结果</td><td>作 业 人 员</td></tr>
<tr><td rowspan="5">储气
装置</td><td>CNG 气瓶及固定支架</td><td colspan="4">气瓶检定证书编号：
紧固力矩：　N·m；六个方向紧固性能：</td><td rowspan="5"></td></tr>
<tr><td>CNG 管路及卡箍</td><td colspan="4">管路：　　管接头：
卡箍间距：　　mm</td></tr>
<tr><td>截止阀、充气阀、组合阀等各类控制阀及相关仪表</td><td colspan="4">截止阀：　　充气阀：
组合阀：　　仪表：</td></tr>
<tr><td>加气口</td><td colspan="4">止回阀：　　防尘盖：</td></tr>
<tr><td>压力传感器及压力表</td><td colspan="4">压力传感器：　　压力表示值：　kPa</td></tr>
</table>

续上表

CNG供给装置	滤清器	工作状况：		
	高压电磁阀	工作状况：		
	安全阀	标定压力：　　kPa		
	减压调节器	密封性能：	热循环装置：	
	混合器	密封性：	工作性能：	
	低压管路及卡箍	密封性：	紧固程度：	
燃料转换及控制装置	燃料转换开关及仪表	工作性能：	气量显示值：　kPa	
	线束			
	CNG 电磁阀	工作性能：	线圈电阻值：　Ω	
	汽油电磁阀	工作性能：	密封性：	
	步进电动机：	工作性能：		
	电控单元(ECU)及传感器	工作性能：	故障码：	
	泄漏报警装置	工作性能：		

修理情况记录		更换主要零部件记录			
项目	修理情况摘要	名称	规格	数量	产地
备注		检验员(签字)： 年　月　日			

注:GB/T 18344 规定的过程检验项目由企业自行制表。

二级维护竣工检验单

表 A. 3

托修方		车辆牌号		车辆型号	
合同编号		发动机号		底盘号	
外观检测	CNG 汽车标志		CNG 气瓶		
	CNG 管路及卡箍		加气口		
	压力传感器及压力表		高压电磁阀		
	安全阀		减压调节器		
	燃料转换开关及仪表		混合器		

续上表

外观检测	线束		CNG 电磁阀	
	汽油电磁阀		电控单元	
	步进电动机		泄漏报警装置	
性能检测	紧固程度检验			
	气密性检验			
	排放性能	怠速:CO:　　%;HC:　　10^{-6};高怠速:CO:　　%;HC:　　10^{-6}		
检测结论: 检测机构(公章)　　年　月　日			检验员(签字): 承修单位(公章)　　年　月　日	

注:GB/T 18344 规定的竣工检验项目由企业自行制表。

燃气汽车改装技术要求
第1部分:压缩天然气汽车

GB/T 18437.1—2009

1　范围

GB/T 18437 的本部分规定了在用汽车改装为汽油/压缩天然气两用燃料汽车和柴油－压缩天然气双燃料汽车改装前技术条件、改装技术要求、检验及测试方法、改装后的整车技术要求、标志以及其他要求。

本部分适用于天然气额定工作压力不大于 20MPa 的汽油/压缩天然气两用燃料汽车和柴油－压缩天然气双燃料汽车的改装。

2　规范性引用文件

下列文件中的条款通过 GB/T 18437 的本部分的引用而成为本部分的条款。凡是注日期的引用文件其随后所有的修改单(不包括勘误的内容)或修订版均不适用于本部分。然而,鼓励根据本部分达成协议的各方研究是否可使用这些文件的最新版本。凡是不注日期的引用文件,其最新版本适用于本部分。

GB/T 3765《卡套式管接头技术条件》

GB 3847《车用压燃式发动机和压燃式发动机汽车排气烟度排放限值及测量方法》

GB 7258《机动车运行安全技术条件》

GB 15382《气瓶阀通用技术条件》

GB 15383《气瓶阀出气口连接型式和尺寸》

GB 17258《汽车用压缩天然气钢瓶》（GB 17258—1998，neq ISO/CD11439：1996）

GB/T 17676《天然气汽车和液化石油气汽车　标志》（GB/T 17676—1999，neq ECE 67）

GB/T 17895《天然气汽车和液化石油气汽车　词汇》

GB/T 18276《汽车动力性台架试验方法和评价指标》

GB 18285《点燃式发动机汽车排气污染物排放限值及测量方法（双怠速法及简易工况法）》

GB/T 18363《汽车用压缩天然气加气口》（GB/T 18363—2001，neq ISO/DIS 14469：2000）

GB/T 19240《压缩天然气汽车专用装置的安装要求》

GB/T 20735《汽车用压缩天然气减压调节器》

QC/T 245《压缩天然气汽车专用装置技术条件》

QC/T 413《汽车电气设备基本技术条件》

QC/T 674《汽车用压缩天然气电磁阀》

QC/T 675《汽车用汽油电磁阀》

QC/T 746《压缩天然气汽车高压管路》

QC/T 29009《汽车用电线接头技术条件》

3　术语和定义

GB/T 17895 确立的术语和定义适用于本部分。

4　改装前的汽车技术条件

4.1　汽车动力性应符合 GB/T 18276 的要求。

4.2　汽车的安全技术性能应符合 GB 7258 的要求。

4.3　汽车的排放应满足 GB 18285 或 GB 3847 的要求。

5　改装技术要求

5.1　一般要求。

5.1.1　改装使用的压缩天然气专用装置的零部件，应满足 GB 17258、GB/T 18363、GB/T 3765、GB 15382、GB 15383、GB/T 20735、QC/T 245、QC/T 413、QC/T 674、QC/T 675、QC/T 746 等标准的要求。

5.1.2　安装在发动机舱中的改装部件，应适应 −40～120℃ 的工作温度范围，其他改装部件应适应 −40～85℃的工作温度。

5.1.3 所有压缩天然气专用装置应安装牢固,符合 GB/T 19240 的要求。

5.1.4 改装部件安装工艺应设计合理,确保安装维修方便;应充分考虑汽车承载件的强度,对强度较弱的安装部位应有增加强度的措施,不允许采用导致降低汽车承载件强度和刚度韵安装方法,专用装置不应作为承载件使用。

5.1.5 改装使用的装置应确保当发动机停止运转时,应具有即使燃料开关打开,也能自动切断天然气供给的装置。

5.1.6 已装车使用过的旧储气瓶,应按 GB 17258 的有关规定并行检查。

5.1.7 天然专用装置安装后,不应改变原车的外廓尺寸,不应影响驾驶操作,不应改变原车的通过性。

5.1.8 在任何情况下,专用装置与排气管之间的距离不得小于 100mm,距离在 100 ~200mm 之间时,应设置固定牢固的隔热防护板。

5.1.9 气压(量)显示装置可采用压力表或其他气量显示装置。若采用压力表,其压力量程应为储气系统额定工作压力的 1.5 ~2.0 倍。采用其他气量显示装置时,宜采用压力传感器及气量显示器。

5.2 技术要求

5.2.1 车用压缩天然气气瓶。

5.2.1.1 储气瓶安装位置应远离热源,其工作环境温度不得高于 60℃。在汽车车架下安装储气瓶时,储气瓶及其附件不应布置在汽车前桥之前和后保险杠之后,储气瓶最小离地距离应不小于 200mm。

5.2.1.2 应保证汽车在空载和满载状态下的载荷分布符合 GB 7258 的规定。

5.2.1.3 储气瓶的固定座应确保有四个固定点连接在结构件上,其间距应确保储气瓶的稳定。储气瓶与固定座之间应有防止储气瓶旋转、移动和振动松动的橡胶垫,且橡胶垫在结构上具有防止自身移动和脱落的功能,橡胶垫厚度不应小于 4mm。储气瓶的安装应牢固,紧固螺栓的尺寸满足 5.2.1.4 的受力要求并有防松装置,拧紧力矩符合设计要求。固定座的安装应便于拆装工作。

5.2.1.4 储气瓶安装紧固后,在上、下、左、右、前、后六个方向上应能承受 8 倍于充满额定工作压力的天然气储气瓶重力的静力,且储气瓶与固定座的固定点相对位移不许超过 13mm。

5.2.1.5 多个储气瓶的安装应布置合理、排列整齐。

5.2.1.6 储气瓶的气瓶阀和接头应有防止碰撞、倾覆等事故的保护装置;气瓶阀与汽车外轮廓边缘的距离不应小于 200mm。

5.2.1.7 储气瓶应安装在通风位置或采取有效的通风措施,阀门渗漏的气体不应进入驾驶室或客厢。储气瓶不应直接安装在驾驶室或载人车厢内,当不得不安装在驾驶室或载人车厢内时，应用密封盒、波纹管及通气接口将瓶口阀及连接的高压接头与驾驶室或载人车厢安全隔离。通气接口排气方向应指向车尾方向并与地面成45°圆锥的范围内，能将泄漏气体排出车外，通气接口至排气管和其他热源距离不应小于250mm，通气总面积不应小于450mm^2。密封盒、波纹管及通气接口安装后按6.3进行试验后，应无泄漏，且不得有永久变形。

5.2.1.8　在货车车厢内安装储气瓶时，应安装金属或非金属保护罩。

5.2.2　加气口。

5.2.2.1　加气口应安装在有适当防护和易于充气操作的位置，应配备一个防止气体从储气瓶回流的装置。

5.2.2.2　加气口与高压管线之间应设置止回阀和截止阀；加气口至汽车外轮廓边缘的距离不应小于15mm。

5.2.3　管路。

5.2.3.1　在可能产生相对位移的部件之间应采用非刚性连接。

5.2.3.2　高压管路一般采用刚性管线，特殊部位采用柔性管线。高压管路应沿着最短的可行路线安装。高压管接头应安装在能看得见或操作者易于操作的位置。所有高压管和高压管接头应得到有效的保护，高压管路和高压管接头不得重复使用。

5.2.3.3　刚性高压管路应排列整齐，布置合理，不得与相邻部件刮碰和摩擦；刚性高压管路应用固定卡有效地固定在车架或车身上，固定卡的间距不应大于600mm，如果管路与相邻部件接触或穿越孔板，应采用橡胶套管进行保护，两个部件之间的管路应采用能消除热胀冷缩影响和抗振的措施，如采用盘管或U形弯管等。管路中心线曲率半径不应小于管路外直径的5倍。

5.2.3.4　铰接式客车的铰接部位的高压管路应采用压缩天然气专用柔性高压软管总成。

5.2.3.5　柔性高压软管应使用有弹性的固定卡固定在车架或车身上，固定卡间距不大于300mm，并应在每一弯曲处的前、后进行卡固。

5.2.3.6　低压柔性管路应安装牢固并有足够的长度，以适应发动机振动引起的位移，软管中心线曲率半径不应小于管路外直径的5倍。

5.2.3.7　管线和接头与移动、旋转件之间的间距不得小于75mm。

5.2.4　气压（量）显示装置。

压力表应安装在易于观察、防振和避免损坏的位置，确保安装牢固；不应安装在驾驶室内；当安装在裸露位置时，应加装压力表防护罩。气量显示器应安装在驾驶室内驾驶人易于观察的位置。

5.2.5 截止阀。

截止阀应设置在储气瓶到减压调节器之间易于操作的位置，阀体不应安装在驾驶室内。

5.2.6 天然气滤清装置。

储气瓶到减压调节器之间应安装天然气滤清装置，并易于检查、清洗和更换。

5.2.7 减压调节器。

5.2.7.1 减压调节器应安装在振动较小、靠近发动机的位置，但不应安装在发动机上，与发动机间应采用柔性连接；减压调节器和天然气喷射器或燃料轨之间应采用柔性连接，连接处应密封可靠；安装位置应便于对调节器的常规调整、检查和维修；调节器的布置不应影响所有软管的自由移动。

5.2.7.2 当减压调节器采用发动机冷却液加热时，其安装高度应低于散热器顶部，且宜安装在节温器以下。

5.2.8 燃料转换开关。

5.2.8.1 燃料转换开关应安装在驾驶人操作方便的位置。

5.2.8.2 燃料转换开关挡位标记明显，能分别控制供油、供气和油气全切断三种状态。

5.2.9 电磁阀。

5.2.9.1 电磁阀的操作应由燃料转换开关统一控制，电流被切断时，阀应处于“关闭”位置。

5.2.9.2 电磁阀应安装在远离其他电气设备的位置。

5.2.10 电子控制单元及电路。

5.2.10.1 电子控制单元应安装在振动较小的位置，不应放置在发动机上。

5.2.10.2 改装后车辆不应影响原车车载诊断系统的功能。

5.2.10.3 电气线路接头采用插接件，其性能应符合 QC/T 29009 的有关规定。所有电气线路应卡固良好，不得与相邻部件摩擦，线路应绝缘良好并设置过电流保护。

5.2.10.4 电子元件安装时，线束插接口应向下，安装位置应远离高压电器元件和可能渗漏水的部位。

6 检验

6.1 检验前的准备。

检验前应按照安装技术要求，检视储气瓶、管路、电路稳固程度及压缩天然气专用装置各部件安装位置是否符合要求。

6.2 紧固性检验。

按照要求检查各主要部件安装紧固程度。

6.3 气密性检验。

6.3.1 天然气检漏应采用以下任一种方法进行气密性检验：

a)检漏液检验：用肥皂泡沫或其他非腐蚀性的发泡水涂于所有管路接头上，待消除附着的表面气体后，3min 内应无气泡产生；进行 20MPa 天然气的高压气密性检验时，5min 内不得有气泡产生。

b)气体检漏仪检验：使用气体检漏仪检查所有管路接头，不应出现漏气现象。当气体检漏仪发现泄漏后，需采用 6.3.1.a)确定泄漏部位。

6.3.2 如发现管路有气体泄漏，应关闭气瓶阀，待管路中的气体排出后，再拧紧卡套或接头。不应带压紧固。

6.4 改装后经调试，整车技术性能应满足第 7 章的要求。

7 改装后的整车技术要求

7.1 整车性能应符合 GB 7258 的规定，汽车的排放应满足 GB 18285 或 GB 3847 的要求。

7.2 整车质量增加不得超过原车整备质量的 5%。

7.3 整车的动力性能在燃气时的功率输出值不得小于改装前功率输出值的 90%。

8 标志

8.1 改装后的汽车应按照 GB/T 17676 的规定设置天然气汽车的标志。

8.2 改装车出厂前，应在发动机舱内或充气阀附近安装永久性铭牌，应包括以下内容：

a)燃料系统工作压力；

b)改装公司(厂)的名称及改装出厂日期；

c)储气瓶安装个数和容积；

d)储气瓶的出厂日期。

9 其他

9.1 随车技术文件。

9.1.1 压缩天然气专用装置的合格证和使用说明书。

9.1.2 改装车使用维护说明书。

9.1.3 出厂合格证书。

9.2 用户在验收改装车时，可查阅检验或试验记录，但不许做拆卸检查。必要时，可按照 GB 7258 中规定的检验项目进行检验。

9.3 用户在遵守使用操作规程的前提下，从出厂之日起六个月内，因改装或改装件质量不良而导致汽车无法正常行驶的,改装厂应负责免费修理或更换零件。

机动车维修服务规范

JT/T 816—2011

1 范围

本标准规定了机动车维修服务的总要求、维修服务流程、服务质量管理及服务质量控制等内容。

本标准适用于汽车整车维修企业和发动机、车身、电气系统、自动变速器专项维修业户,其他的机动车维修企业可参照执行。

2 规范性引用文件

下列文件对于本文件的应用是必不可少的。凡是注日期的引用文件,仅注日期的版本适用于本文件。凡是不注日期的引用文件,其最新版本(包括所有的修改单)适用于本文件。

GB/T 3798.1《汽车大修竣工出厂技术条件 第1部分:载客汽车》

GB/T 3798.2《汽车大修竣工出厂技术条件 第2部分:载货汽车》

GB/T 3799.1《商用汽车发动机大修竣工出厂技术条件 第1部分:汽油发动机》

GB/T 3799.2《商用汽车发动机大修竣工出厂技术条件 第2部分:柴油发动机》

GB/T 5624《汽车维修术语》

CB/T 16739.1《汽车维修业开业条件 第1部分:汽车整车维修企业》

GB/T 16739.2《汽车维修业开业条件 第2部分:汽车专项维修业户》

GB/T 18344《汽车维护、检测、诊断技术规范》

GB/T 21338《机动车维修从业人员从业资格条件》

3 术语和定义

GB/T 5624 所界定的以及下列术语和定义适用于本文件。

3.1

客户 customer

接受机动车维修服务的组织或个人。

3.2

机动车维修服务 service for motor vehicle maintenance and repair

机动车维修经营者(以下简称经营者)向客户提供机动车维护和修理及相关活动的总称。

3.3

整车修理 whole motor vehicle repair

通过修复或更换机动车零部件(包括基础件),恢复机动车完好技术状况和完全(或接近完全)恢复机动车寿命的修理。

3.4

原厂配件 original equipment manufacturer parts

纳入车辆生产厂家售后服务体系和配件供应体系的配件。

3.5

副厂配件 aftermarket parts

未经车辆生产厂家授权的车辆配件生产厂家生产并符合相关技术标准的配件。

3.6

修复配件 refurbished parts

修复后,经过检验达到相应技术标准要求的配件。

4 总要求

4.1 经营者应按照 GB/T 16739.1 和 GB/T 16739.2 的规定,根据维修车型种类、服务能力和经营项目,具备相应的人员、组织管理、安全生产、环境保护、设施、设备等条件,并取得机动车维修经营许可等相关证件。

4.2 经营者应依法经营、诚实守信、公平竞争、优质服务,在经营场所醒目位置悬挂全国统一式样的机动车维修标志牌。

4.3 经营者应将主要维修项目收费价格、维修工时定额、工时单价报所在地道路运输管理机构备案。发生变动时,应在变动实施前重新报备。

4.4 经营者应在业务接待室等场所醒目位置公示以下信息:

a)机动车维修经营许可证、工商营业执照、税务登记证明;

b)业务受理程序;

c)服务质量承诺;

d)客户抱怨受理程序和受理电话(邮箱);

e)所在地道路运输管理机构监督投诉电话;

f)经过备案的主要维修项目收费价格、维修工时定额、工时单价,常用配件现行价格;

g)维修质量保证期;

h)企业负责人、技术负责人及业务接待员、质量检验员、维修工(机修、电器、

钣金、涂漆)、价格结算员照片、工号以及从业资格信息等;

i)提供汽车紧急维修救援服务的,应公示服务时间、电话、收费标准。

4.5 汽车整车维修企业应建立维修服务信息化管理系统,对客户信息、维修流程、配件采购与使用、费用结算等进行管理。

4.6 经营者对原厂配件、副厂配件和修复配件应明码标价,并提供常用配件的产地、生产厂家、质量保证期、联系电话等相关信息资料,供客户查询。有条件的经营者可配备计算机、触摸屏等自助电子信息查询设备。

5 维修服务流程

5.1 建立服务流程

机动车维修服务流程见图1。经营者可依据自身规模、作业特点建立适用本企业的维修服务流程。

5.2 客户维修接待

5.2.1 客户接待

5.2.1.1 客户接待主要包括进厂维修接待、预约维修接待、紧急维修救援接待。

5.2.1.2 业务接待员应遵守礼仪规范,主动热情,真诚友好,仪表端庄,语言文明,自报工号,认真听取客户关于车况和维修要求的陈述,并做好记录。

5.2.1.3 业务接待员应能及时为客户提供咨询服务。

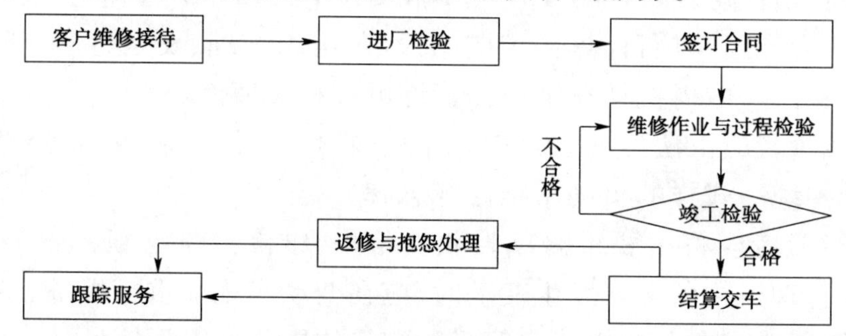

图1 机动车维修服务流程

5.2.2 维修接待

5.2.2.1 进厂维修接待。

5.2.2.1.1 车辆进厂时,业务接待员应查验车辆相关证件,与客户一起进行环车检查,并办理交接手续。检查时,对于可能造成污损的车身部位,应铺装防护用品。

5.2.2.1.2 客户寄存随车物品,应在车辆交接单上详细记录,并妥善保管。车辆交接单经客户签字确认。

5.2.2.1.3 业务接待员应安排需要等待维修车辆的客户休息。

5.2.2.2 预约维修接待。

5.2.2.2.1 经营者可通过电话、短信、网络等渠道受理预约维修服务，可采用回访、告示等方式提示客户采用预约维修服务。

5.2.2.2.2 业务接待员应根据客户意愿和企业条件，合理确定车辆维修项目和进厂时间。经双方确认后，做好人员、场地、设备、配件准备，按时安排车辆维修。

5.2.2.2.3 车辆进厂时，按5.2.2.1的要求进行。

5.2.2.3 紧急维修救援接待。

5.2.2.3.1 经营者可通过电话、短信、网络等渠道受理紧急维修救援业务。

5.2.2.3.2 业务接待员接到求救信息后，应详细记录求救客户姓名、车牌号码、品牌型号、故障现象、车辆所在地、联系电话等。

5.2.2.3.3 经营者应区别不同情况实施救援：

——与客户对话可以解决的，应详细解答，具体指导，及时帮助处理；

——确需现场救援的，应提出最佳救援方案，主动告知救援收费标准，组织救援人员在规定时间内赶到救援现场；

——现场不能修复的车辆，经客户同意可拖车入厂，及时安排修理。车辆进厂时，按5.2.2.1的要求进行。

5.2.2.3.4 对夜间或恶劣天气等紧急救援需求，提供24h汽车维修救援服务的经营者亦应按照规范及时施救。

5.3 进厂检验

5.3.1 质量检验员应根据车辆技术档案和客户陈述进行技术诊断。

5.3.2 进厂检验应在专用的工位或区域，按照相关技术标准或规范对车辆进行检验，并做好进厂检验记录。

5.3.3 需要解体检查或者路试的，应征得客户同意。

5.3.4 进厂检验后，应告知客户车辆技术状况、拟定的维修方案、建议维修项目和需要更换的配件。

5.4 签订合同

5.4.1 业务接待员应根据车辆进厂检验结果和客户需求，本着自愿、合法、适用的原则，与客户协商签订汽车维修合同。

5.4.2 维修合同应包含以下主要内容：

a)经营者、客户的名称；

b)签约日期；

c)车辆基本信息；

d)维修项目；

e)收费标准、预计维修费用及费用超出的解决方式；

f)交车日期、地点、方式;

g)质量保证期。

5.4.3 经营者对机动车进行二级维护、总成修理、整车修理的,宜使用当地主管部门推荐的汽车维修合同示范文本。

5.4.4 维修过程应严格按照合同约定项目进行修理。确需增加维修项目的,经营者应及时与客户沟通,征得同意后,按规定签订补充合同。

5.4.5 经营者应将维修合同存入机动车维修档案。

5.5 维修作业与过程检验

5.5.1 经营者根据维修合同确认的维修项目,开具维修施工单。维修施工单应详细注明维修项目、作业部位、完成时间和注意事项。

5.5.2 视情对待修车辆进行车身清洁。

5.5.3 维修过程中,应采用合理措施保护车身内外表面等部位。

5.5.4 维修人员应执行相关的技术标准,使用技术状况良好的设备,按照维修施工单进行操作。不应擅自扩大作业范围,不应以次充好换用配件。作业后,应进行自检,并签字确认。

5.5.5 质量检验员应核查配件更换情况,并依据车辆维修标准或维修手册的技术要求实施车辆维修过程检验,按规定填写并留存过程检验记录。

5.5.6 维修过程检验不合格的作业项目,不应进入下一道工序,应重新作业。

5.5.7 经营者宜采用可视窗或视频设备等方式,供客户实时查看在修车辆。

5.5.8 业务接待员应掌握车辆维修情况,及时向客户反馈维修进度。

5.5.9 车辆维修完工后,维修人员应对车辆外表和内饰进行清洁,将车辆停放在竣工区域。

5.6 竣工检验

5.6.1 质量检验员应核查维修项目完成情况,按 GB /T 3798.1、GB/T 3798.2、GB/T 3799.1、GB/T 3799.2 和 GB/T 18344 等标准进行竣工检验,并填写维修竣工检验记录。对竣工检验中发现的不合格项目,应填写返工单,由维修人员返工作业。

5.6.2 经营者应执行《机动车维修竣工出厂合格证》制度。

5.7 结算交车

5.7.1 检验合格的车辆,业务接待员应查看外观,清点随车物品,做好交车准备,通知客户验收接车,并将维修作业项目、配件材料使用、维修竣工检验情况,以及出厂注意事项、质量保证期等内容以书面记录形式告知客户。

5.7.2 业务接待员应配合客户验收车辆,填写验收交接单,并引导客户办理结算手续。

5.7.3 价格结算员应严格按照公示并备案的维修工时定额及单价、配件价格等核定维修费用，开具机动车维修结算清单、维修发票。维修结算清单应将维修作业的检测诊断费、材料费、工时费、加工费及其他费用分项列出，并注明原厂配件、副厂配件或修复配件，由客户签字确认。

5.7.4 客户对维修作业项目和费用有疑问时，业务接待员或价格结算员应认真听取客户的意见，做出合理解释。客户完成结算手续后，业务接待员为客户办理出门手续，交付车辆钥匙、客户寄存物品、客户支付费用后剩余的维修材料，以及更换下的配件等。

5.8 返修与抱怨处理

5.8.1 经营者应严格执行车辆返修制度，建立车辆返修记录，对返修项目进行技术分析。

5.8.2 在质量保证期内，因维修质量原因造成车辆无法正常使用，且经营者在三日内不能或无法提供因非维修原因而造成车辆无法使用的相关证据的，经营者应当优先安排，无偿返修，不应故意拖延或无理拒绝。

5.8.3 在质量保证期内，车辆因同一故障或者维修项目经两次修理仍不能正常使用的，经营者应当负责联系其他机动车维修经营者修理，并承担相应修理费用。

5.8.4 经营者应严格执行客户抱怨处理制度，明确受理范围、受理部门或人员、处理部门或人员及其职责、受理时限、处理时限等。

5.8.5 经营者应留存抱怨办理的记录，定期进行分析、总结。

5.9 跟踪服务

5.9.1 车辆维修竣工出厂后，经营者可通过客户意见卡、电话、短信或登门等方式回访客户，征询客户对车辆维修服务的意见，并做好记录。对客户的批评意见，应及时沟通并妥善处理。

5.9.2 跟踪服务应覆盖所有客户。回访人员应统计分析客户意见，并及时反馈给相关部门处理。对返修和客户抱怨处理后的结果应继续跟踪。

6 服务质量管理

6.1 人员管理

6.1.1 企业负责人、技术负责人及质量检验员、业务接待员、价格结算员，以及从事机修、电器、钣金、涂漆、车辆技术评估（含检测）作业的技术人员条件应符合 GB/T 21338 的规定。机动车维修技术人员配备应满足有关要求。

6.1.2 维修从业人员应按照作业规范进行维修作业。

6.1.3 经营者应根据维修服务活动和从业人员能力，制定和实施培训计划，做好培训记录。

6.2 设施设备管理

6.2.1 厂区环境清洁,各类指示标志清楚,重要区域和特种设备应设立警示标志。

6.2.2 维修作业区应合理布局,划分工位,有充足的自然采光或人工照明。

6.2.3 维修、检测设备的规格和数量应与维修车型、维修规模和维修工艺相适应。

6.2.4 经营者应依据设备使用书,制定设备操作工艺规程。

6.2.5 经营者应制定设备维护计划,并认真实施。特种设备应重点维护。

6.2.6 检测设备、量具应按规定进行检定、校准。

6.2.7 经营者应建立设备档案,做好设备购置、验收、使用、维修、检定和报废处理记录。

6.3 配件管理

6.3.1 经营者应向具有合法资质的配件经销商采购配件。

6.3.2 经营者应建立采购配件登记制度,组织采购配件验收,查验产品合格证等相关证明,登记配件名称、规格型号、购买日期及供应商信息。

6.3.3 经营者应建立配件质量保证和追溯体系。原厂配件和副厂配件按制造厂规定执行质量保证。经营者与客户协商约定的原厂配件和副厂配件的质量保证期不得低于上述规定。修复配件的质量保证期,按照经营者与客户的约定执行。

6.3.4 经营者应制定配件检验分类制度,保留配件的更换、使用、报废处理的记录。

6.3.5 客户自带配件,经营者应与客户做好约定,使用前查验配件合格证明,提出使用意见,由客户确认签字,并妥善保管配件合格证明和签字记录,保存期限不得低于该配件质量保证期和维修质量保证期。

6.4 安全管理

6.4.1 经营者应建立安全生产组织机构和安全生产责任制度,明确各岗位人员安全职责。

6.4.2 经营者应制定安全生产应急预案,内容包括应急机构组成、责任人及分工、应急预案启动程序、应急救援工作程序等。

6.4.3 经营者应开展安全生产教育与督促检查,为员工提供国家规定的劳动安全卫生条件和必要的劳动防护用品。

6.4.4 经营者应确保生产设施、设备安全防护装置完好,按照规定配置消防设施和器材,设置消防、安全标志。有毒、易燃、易爆物品,腐蚀剂,压力容器的使用与存放应符合国家有关规定的要求。

6.4.5 机动车维修作业场所相应位置应张贴维修岗位与设备安全操作规程及安全注意事项。

6.5 环保管理

6.5.1 经营者应对维修产生的废弃物进行分类收集,及时对有害物质进行隔离、控制,委托有合法资质的机构定期回收,并留存废弃物处置记录。

6.5.2 维修作业环境应按环境保护标准的有关规定配置用于处理废气、废水的通风、吸尘、消声、净化等设施。

6.6 现场管理

经营者应制定现场管理规范,作业场所实行定置管理,工具、物料摆放整齐,标识清楚,做到工作台、配件、工具清洁,工具、配件、废料油污不落地,废油、废液、固体废弃物分类存放。

6.7 资料档案管理

6.7.1 经营者应了解并收集与维修服务相关的技术文件,具备有效的车辆维修标准和承修车型的技术资料。必要时,应制定车辆维修所需的各种工艺、检验指导文件。

6.7.2 经营者应建立机动车维修档案,并妥善保存。

6.7.3 车辆二级维护、总成修理、整车修理档案主要应包括:维修项目、维修合同、具体维修人员及质量检验员、进厂检验记录、过程检验记录、竣工检验记录、出厂合格证副本、结算清单等。保存期限不应少于两年。

7 服务质量控制

7.1 经营者应按规定建立维修服务质量管理体系,制定服务质量方针,加以实施并持续改进。

7.2 经营者应开展客户满意度调查,收集、整理客户反馈信息。

7.3 经营者应定期对维修服务实际成果进行检查,并记录检查结果。对检查中发现的问题,应采取有效的整改措施。

在用汽车压缩天然气专用装置检验规范

DB 51/T 929—2012

1 范围

本标准规定了在用汽车压缩天然气汽车专用装置术语和定义、要求、检验方法、判定规则。

本标准适用于在四川省公安交通管理部门注册登记安装使用额定工作压力不大于20MPa的压缩天然气在用汽车的专用装置定期检验和质量检验。

2 规范性引用文件

下列文件对于本文的应用是必不可少的。凡是注日期的引用文件，仅所注日期的版本适用于本文件。凡是不注日期的引用文件，其最新版本（包括所有的修改单）适用于本文件。

GB/T 3765《卡套式管接头技术条件》

GB 7258《机动车运行安全技术条件》

GB/T 14976《流体输送用不锈钢无缝钢管》

GB/T 17676《天然气汽车和液化石油气汽车　标志》

GB/T 17895《天然气汽车和液化石油气汽车　词汇》

GB/T 18437.1《燃气汽车改装技术要求 第1部分 压缩天然气汽车》

GB/T 19240《压缩天然气汽车专用装置的安装要求》

GB 19533《汽车用压缩天然气钢瓶定期检验与评定》

GB/T 20735《汽车用压缩天然气减压调节器》

GB 24160《车用压缩天然气钢质内胆环向缠绕气瓶》

QC/T 245《压缩天然气汽车专用装置技术条件》

GB/T 674《汽车用压缩天然气电磁阀》

GB/T 746《压缩天然气汽车高压管路》

QCn 29009－1991《汽车用电线接头技术条件》

3 术语和定义

GB/T 17895 规定的术语和定义适用于本文件。

4 要求

4.1 基本条件

4.1.1 持有效的《机动车行驶证》、《四川省天然气气瓶使用登记证》、《压缩天然气气瓶定期检验的有效报告》，车辆和气瓶唯一性认定应符合GB 7258和GB 19533的规定。

4.1.2 压缩天然气专用装置应具有生产企业产品和相关技术标识，不应使用无厂名、厂址、产品标质的产品。

4.1.3 车辆内或充气阀附近安装有耐用铭牌，应包括以下内容：

a)车辆识别代号或车架号；

b)气瓶安装及压缩天然气汽车制造或改装单位名称；

c)气瓶编号、气瓶生产厂名称和气瓶出厂日期；

d)气瓶安装个数和气瓶的容积。

4.2 安装

4.2.1 加气口

加气口应安装在具有防护和易于充气操作的位置,距车辆外轮廓边缘距离应不小于15mm,并具有防止压缩天然气渗漏的止回阀及防尘塞。

4.2.2 气瓶

4.2.2.1 气瓶应被安全地固定座应具有阻止气瓶旋转、移动的能力,固定座应便于拆装工作。气瓶安装后其强度和刚度不允许下降,车架(车身)结构强度也不应受影响。

4.2.2.2 气瓶安装位置应远离热源,必要时应采取隔热措施。在任何情况下,气瓶及所有高压管路和高压接头与发动机排气管和传动轴的任何部位之间的距离应不小于100mm;当与发动机排气管的距离在100~200mm之间时,应设置固定可靠的隔热装置。

4.2.2.3 气瓶应安装在通风位置或采取有效的通风措施。

4.2.2.4 气瓶与汽车后轮边缘的距离应不小于200mm。气瓶安装在汽车车架下时,气瓶下方应采取有效防护措施且气瓶及其附件不允许布置在汽车前轴之前。

4.2.2.5 气瓶不允许直接安装在驾驶室、载人车厢和货厢内。当不得不安装在上述部位时,必须设置防护罩并将气瓶与驾驶室或载人车厢有效分离。隔离装置应有很强的防护功能,当车辆受到冲撞时,隔离装置应能有效地防止气瓶冲入驾驶室或载人车厢或货厢内。不能因车辆运动使气瓶安装后与车体和构件产生摩擦,必须加装柔性橡胶隔离垫。

4.2.2.6 气瓶与支架之间应垫厚度不小于4mm的橡胶垫,气瓶卡带的宽度不小于40mm,厚度为2.5~3mm。

4.2.2.7 气瓶的安装及保护罩的设置,应能保证气瓶阀的正常操作和检查。

4.2.2.8 气瓶及支架最低位置离地距离应不小于汽车满载时的最小离地间隙,且不得改变车辆离去角及纵向通过半径。

4.2.2.9 气瓶阀扣管接头应得到有效的保护,可借用车辆上的设施向气瓶阀和管接头提供保护;气瓶阀外缘与车辆外轮廓边缘的距离应不小于200mm。在货车车厢内安装气瓶时,应安装保护罩。

4.2.3 高压天然气电磁阀

必须设置符合QC/T 674规定的高压天然气电磁阀。高压天然气电磁阀距减压调节器的安装距离宜近,其间距不大于1m。

4.2.4 手动截止阀

手动截止阀应符合GB/T 19240规定,应安装在气瓶到减压调节器之间易于操作的位置,阀体不允许直接安装在驾驶室内,手动截止阀应清楚地标明“供给(开)”和“中断(关)”的方向。手动截止阀的手动旋转行程应小于270°。

4.2.5 高压过流保护装置

应安装高压过流保护装置,使用单只气瓶的车辆应采用含过流保护关闭功能的气瓶阀,使用多只气瓶的车辆应增设管路过流保护阀,当高压管路发生断裂时能有效切断气源。

4.2.6 减压调节器

4.2.6.1 减压调节器应符合GB/T 20735的规定,宜安装在振动较小,尽量靠近发动机的位置,与发动机之间的燃气管路宜采用柔性连接;安装位置应确保实现对减压调节器的常规调整、检查和维修;减压调节器安装位置应尽量远离排气系统。如果离排气系统的距离小于150mm时,应设置可靠的隔热装置;减压调节器的布置应不影响所有软管的自由移动。

4.2.6.2 当减压调节器采用发动机冷却液加热时,应安装在低于发动机节温器及散热器顶部的位置,使循环水路畅通,水管路及接头不得渗漏。

4.2.6.3 气瓶至减压调压器之间应安装滤清装置,并易于检查、清洗和更换。

4.2.7 燃料转换开关

若天然气电控单元ECU不具有燃料自动转换功能,即使手控开关打开,也具有发动机熄火自动切断天然气的功能。燃料转换开关应安装在驾驶人操作方便的位置,挡位标记应明显,能分别控制供油、供气。发动机点火时间转换器,应同燃料转换开关统一控制。

4.2.8 混合器

非增压发动机用膜片式混合器应设置回火泄压装置。增压发动机进气歧管应设置超压卸压保护装置。

4.2.9 高压管路

4.2.9.1 高压管路应符合QC/T 746的规定,应采用符合GB/T 14976规定的不导磁的不锈钢卡套式管接头和流体用不锈钢无缝钢管。

4.2.9.2 刚性高压管路应排列整齐、布置合理、固定有效,不允许与相邻部件碰撞和摩擦,所有高压管路和高压管接头应得到有效的保护,高压管接头应安装在能看得见且操作者易于接近的位置。

4.2.9.3 刚性高压管路与相邻部件接触或穿越孔板,应采用橡胶垫进行保护,两个部件之间的管路应采用能消除热胀冷缩影响和防振动的措施,如采用盘管或U形弯管等。

4.2.9.4 高压管路特殊部位(如相对移动的部件之间)可采用柔性管路,其管路应使用有弹性的固定卡固定在汽车基础件上，固定卡间距不大于300mm，并应在第一弯曲处的前、后进行卡固。在任何情况下，所有高压管路和高压接头与发动机排气管之间的距离应不小于100mm；当与发动机排气管的距离在100～200mm之间时，应设置固定可靠的隔热装置。

4.2.9.5 铰接式客车的铰接部位的高压管路应采用柔性高压管线。柔性高压管路应采用压缩天然气专用柔性高压软管总成，每根高压软管总成应清楚地标明生产厂家名称、规格、额定工作压力及“压缩天然气”或“CNG”字样。

4.2.9.6 天然气及循环水所有管路均不应出现漏气漏水现象。

4.2.10 压力显示器

4.2.10.1 压力表量程和压力传感器耐压强度应为天然气管路额定工作压力的2倍，并具有防振功能。

4.2.10.2 机械压力表应安装在易于观察的位置，不得直接安装在驾驶室内，当安装在裸露位置时，应加装压力表防护罩。气压（量）显示器应安装在驾驶室内驾驶员易于观察的位置。

4.3 气密性

4.3.1 压缩天然气系统应安全可靠，不允许有气体外漏现象。

4.3.2 压缩天然气系统应能承受20MPa的压缩天然气气密性试验。

4.4 其他

4.4.1 线束及接插件应采用阻燃材料，其性能应符合QCn 29009规定。线路应卡固良好，不得与相邻部件摩擦，线路应绝缘良好并有过电流保护设置。

4.4.2 所有支架不得有变形和损坏，不得有伤害到人体的锐角。

4.4.3 用于减振、防滑的所有橡胶垫不得有损坏，脱落后必须重新安装。

4.4.4 全部紧固件不得有松弛和脱落，锁止部位的螺栓应完好有效。

4.4.5 汽车转换到汽油为燃料工作时，供油管路不得出现泄漏。

4.4.6 用天然气作燃料时，发动机怠速运转平稳，不得因发动机功况变化而熄火。

5 检验方法见规范性附录A

6 判定规则

判定规则应符合表1的规定。

判 定 规 则 表1

序号	要求条款号	检验结果	判定规则	处 置 方 法
1	4.1.1－4.1.2	不满足要求	不合格	不应交付检验
2	4.1.3－4.1.4		不合格	可交付检验，须整改验收合格后才可发证书
3	4.2、4.3、4.4		不合格	须整改验收合格后才可发证书

附录A

(规范性附录)

在用汽车压缩天然气专用装置安全性能检验内容和方法

表A.1

序号	标准条款	检验内容	检验方法
1	4.1.1	机动车行驶证、四川省车用天然气气瓶使用登记证、压缩天然气气瓶定期检验的有效报告	查验证照执行合法性和有效期,对车辆和气瓶做唯一性认定
2	4.1.2	压缩天然气专用装置生产企业产品和相关标识	查验商标和标识
3	4.1.3	耐用铭牌包括车辆识别代号或车架号、气瓶安装及压缩天然气汽车改装单位名称、气瓶编号、气瓶生产厂名称和气瓶出厂日期、气瓶安装个数和气瓶的容积	查验并核对编号和证件对应性
4		车辆前后端醒目位置压缩天然气汽车标志	查验压缩天然气汽车标志
5	4.2.1	加气口安装位置及防护和可操作性。防渗漏止回阀及防尘塞	目视查验
6		加气口距车辆外轮廓边缘距离应不小于15mm	钢直尺测量
7	4.2.2.1	气瓶安装可靠性、安全性、可维护性。气瓶安装后其强度和刚度不允许下降,车架(车身)结构强度也不应受影响	目视查验
8	4.2.2.2	气瓶、高压管路和高压接头与发动机排气管和传动轴的任何部位之间的距离应不小于100mm。	钢直尺测量
9		100~200mm之间设置固定可靠的隔热装置。	目视查验
10	4.2.2.3	气瓶通风位置或通风措施	目视查验
11	4.2.2.4	气瓶与汽车后轮边缘的距离应不小于200mm	钢直尺测量
12		气瓶安装在汽车车架下时,气瓶下方应采取有效防护措施且气瓶及其附件不允许布置在汽车前轴之前	目视查验
13	4.2.2.5	气瓶不允许直接安装在驾驶室、载人车厢和货厢内。当不得不安装在上述部位时,必须设置防护罩并将气瓶与驾驶室或载人车厢有效分离。隔离装置应有很强防护功能。不能因车辆运动使气瓶安装后与车体和构件产生摩擦,必须加装柔性橡胶隔离垫	目视查验
14	4.2.2.6	气瓶与支架之间橡胶垫厚度不小于4mm	钢直尺测量
15		气瓶卡带的宽度不小于40mm,厚度为2.5~3mm	钢直尺测量
16	4.2.2.7	气瓶的安装及保护罩的设置,应能保证气瓶阀的正常操作和检查	目视查验
17	4.2.2.8	气瓶及支架最低位置离地距离应不小于汽车满载时的最小离地间隙,且不得改变离去角及纵向通过半径	目视查验
18	4.2.2.9	气瓶阀和管接头有效保护	目视查验
19		气瓶阀外缘与车辆外轮廓边缘距离不小于200mm	钢直尺测量
20		货车车厢内安装气瓶时应有保护罩	目视查验

续上表

序号	标准条款	检验内容	检验方法
21	4.2.3	高压天然气电磁阀与减压调节器距离不大于1m	钢直尺测量
22	4.2.4	手动截止阀安装位置、操作、标识、旋转行程	目视查验、手动检验
23	4.2.5	应安装高压过流保护装置。单只气瓶应有含过流保护关闭功能的气瓶阀，多只气瓶应有管路过流保护关闭阀	目视查验
24	4.2.6.1	减压调节器安装位置、可维护性。燃气管路柔性连接、可移动性	目视查验
25		减压调节器距排气系统距离小于150mm时，应设置固定可靠的隔热装置	钢直尺测量
26	4.2.6.2	当减压调节器采用发动机冷却液加热时，应安装在低于发动机节温器及散热器顶部的位置，使循环水路畅通，水管路及接头不得渗漏	目视查验
27	4.2.6.3	气瓶至减压高压器之间应安装滤清装置，并易于检查、清洗和更换	目视查验
28	4.2.7	发动机熄火时，燃料转换开关应有自动切断天然气的功能。发动机点火时间转换器，应由燃料转换开关统一控制	目视查验、手动检验
29		燃料转换开关应安装位置操作方便性、挡位标记	目视查验、手动检验
30	4.2.8	非增压发动机用膜片式混合器应设置回火泄压装置。增压发动机进气歧管应设置超压卸压保护装置	目视查验
31	4.2.9.1	高压管路应采用不导磁的不锈钢卡套式管接头和流体用不锈钢无缝钢管	目视查验、磁石检验
32	4.2.9.2	刚性高压管路排列布置合理、固定有效、防碰撞和摩擦、高压管路和高压管接头保护、高压管接头易于接近	目视查验
33	4.2.9.3	刚性高压管路与相邻部件接触或穿越孔板，应采用橡胶垫进行保护，两个部件之间的管路应采用能消除热胀冷缩影响和防振动的措施	目视查验
34	4.2.9.4	高压管路特殊部位柔性管路弹性固定正确性、固定卡间距不大于300mm	目视查验 钢直尺测量
35		高压管路和高压接头与发动机排气管之间的距离应不小于100mm；当与发动机排气管的距离在100～200mm之间时，应设置固定可靠的隔热装置	目视查验 钢直尺查验
36	4.2.9.5	铰接式客车的铰接部位的高压管路应采用柔性高压管线。柔性高压管路应采用压缩天然气专用柔性高压软管总成，每根高压软管总成应清楚地标明生产厂家名称、规格、额定工作压力及“压缩天然气”或“CNG”字样	目视查验
37	4.2.9.6	天然气及循环水所有管路均不应出现漏气漏水现象	目视查验

续上表

序号	标准条款	检验内容	检验方法
38	4.2.10.1	压力表量程和压力传感器耐压强度应为天然气管路额定工作压力的2倍,并具有防振功能	目视查验
39	4.2.10.2	机械压力表应安装在易于观察的位置,不得直接安装在驾驶室内,当安装在裸露位置时,应加装压力表防护罩。气压(量)显示器应安装在驾驶室内驾驶人易于观察的位置	目视查验
40	4.3.1	压缩天然气系统应安全可靠,不允许有气体外漏现象	使用气体检漏仪检查所有管路接头,不应出现漏气现象,或用肥皂泡沫或其他非腐蚀性的发泡水涂于所有管路接头上,待消除附着的表面气体后,3min内应无气泡产生
41	4.3.2	压缩天然气系统应能承受20MPa的压缩天然气气密性试验	采用CNG汽车专用装置气动密封性增压试验台,持续保证20MPa天然气检测压力5min,用气体检漏仪检查所有管路接头,不应出现漏气现象;当出现漏气时,要用检漏液确定部位
42	4.4.1	线束及接插件应采用阻燃材料,其性能应符合QCn 29009规定。线路应卡固良好,不得与相邻部件摩擦,线路应绝缘良好并有过电流保护设置	目视查验
43	4.4.2	所有支架不得有变形和损坏,不得有伤害到人体的锐角	目视查验
44	4.4.3	用于减振、防滑的所有橡胶垫不得有损坏,脱落后必须重新安装	目视查验
45	4.4.4	全部紧固件不得有松弛和脱落,锁止部位的螺栓应完好有效	目视查验
46	4.4.5	汽车转换到汽油为燃料工作时,供油管路不得出现泄漏	目视查验
47	4.4.6	用天然气作燃料时,发动机怠速运转平稳,不得因发动机功况变化而熄火	

汽车用压缩天然气减压调节器

GB/T 20735—2006

1 范围

本标准规定了汽车用压缩天然气(以下简称CNG)减压调节器的型号标记、

要求、试验方法、检验规则、标志、包装、运输及储存。

本标准适用于额定大于20MPa(本标准所述压力多指表压)、工作环境温度为-40～+120℃,工作介质为符合GB 18047要求的汽车用压缩天然气减压调节器(以下简称减压调节器)。

2　引用标准

下列文件中的条款通过本标准的引用而成为本标准的条款。凡是注日期的引用文件,其随后所有的修改单(不包括勘误的内容)或修订版均不适用于本标准,然而,鼓励根据本标准达成协议的各方研究是否可使用这些文件的最新版本。凡是不注日期的引用文件,其最新版本适用于本标准。

GB/T 528《硫化橡胶或热塑性橡胶拉伸应力应变性能的测定》(GB/T 528—1998,eqv ISO 37:1994)

GB/T 3765《卡套式管接头技术条件》

GB/T 7762《硫化橡胶或热塑性橡胶　耐臭氧龟裂　静态拉伸试验》(GB/T 7762—2003,ISO 1431-1:1989,Rubber,vulcanized or thermoplastic - Resistance to ozone cracking - Part 1:Static and dynamic strain testing,MOD)

GB 9969.1《工业产品说明书　总则》

GB/T 10125《人造气氛腐蚀试验　盐雾试验》(GB/T 10125—1997,eqv ISO 9227:1990)

GB/T 17895《天然气汽车和液化石油气汽车　词汇》

GB 18047《车用压缩天然气》

GB/T 19240《压缩天然气汽车专用装置的安装要求》

GB/T 245《压缩天然气汽车专用装置技术条件》

3　术语和定义

GB/T 17895确立的以及下列术语和定义适用于本标准。

3.1　一级腔设计压力 P_1　first grade designed pressure

减压调节器一级腔室的最大工作压力。

3.2　额定流量 Q　rated flow

环境温度为20℃,减压调节器进气压力为额定工作压力下,一级工作腔压力为 P_1,减压调节器所获得的最大流量。

3.3　安全开启压力 P_2　safety valve open pressure

卸压阀初始开启时的压力。其值为 $P_2=1.3P_1$。

3.4　安全排放压力 P_{RV}　safety valve emission pressure

卸压阀完全打开的压力上限值。其值为 $P_{RV}=2P_1$。

3.5　安全排放流量 Q_{RV}　safety valve emission flow

卸压阀完全打开时的排放流量。

4 要求

4.1 一般要求

4.1.1 减压调节器表面应无尖角行毛刺。减压调节器的质量和结构应符合 QC/T 245 的规定,并按经规定程序批准的图样及技术文件制造。

4.1.2 用于制造减压调节器的材料应与天然气相容,减压调节器中所有进行金属镀层和化学覆盖层处理部件应符合 CB/T 3764 的有关规定。

4.1.3 减压调节器宜采用发动机冷却液循环加热。用于制造减压调节器的材料应与发动机冷却液相容。

4.1.4 减压调节器进气管接头应采用符合 GB/T 3765 规定的不锈钢卡套式管接头。

4.1.5 减压调节器在汽车的安装要求应符合 GB/T 19240 的规定。

4.2 性能要求

4.2.1 液静压强度

减压调节器按 5.3 的试验方法进行液静压强度试验后,不应出现破裂、永久变形等现象。

4.2.2 卸压阀性能

减压调节器的一级工作腔应有卸压阀,当卸压阀起作用时零部件应工作可靠,压力释放后卸压阀应能继续正常使用。卸压阀按 5.4 的试验方法进行卸压阀性能应满足以下规定:

a)一级腔工作压力为卸压阀安全开启压力 P_2的 95% 时应能密封;

b)一级腔工作压力为卸压阀安全开启压力 P_2的 105% 时应能排气;

c)卸压阀进行 100 次卸压试验后,应符合以上两条的要求;

d)安全排放流量 Q_{RV}应不小于减压调节器额定流量 Q 的实测值。

4.2.3 气密性

4.2.3.1 常温气密性

减压调节器按 5.5.1 规定的试验方法进行气密性试验,应无气泡出现或者泄漏率不超过 15×10^{-6}N · m^3/h。

4.2.3.2 高温气密性

减压调节器按 5.5.2 规定的试验方法进行气密性试验,应无压力下降或者泄漏率不超过 15×10^{-6}N · m^3/h。

4.2.3.3 低温气密性

减压调节器按 5.5.3 规定的试验方法进行气密性试验,应无压力下降或者泄漏率不超过 15×10^{-6}N · m^3/h。

4.2.4　额定流量

减压调节器按5.6规定的试验方法测量的额定流量 Q 应不低于制造商的标定值。

4.2.5　耐用性

减压调节器按5.7规定的耐用性试验后满足4.2.3和4.2.4的要求。

4.2.6　耐腐蚀性

减压调节器按5.8.1规定的试验方法进行盐雾试验后应符合4.2.3.1的要求。

对于含锌量高于15%的黄铜承压部件，按5.8.2规定的试验方法进行试验后用25倍的放大镜检查，部件上不应有裂纹产生。

4.2.7　耐臭氧性

减压调节器与天然气接触的非金属零部件按5.9规定的试验方法进行耐臭氧性试验后不应有裂纹产生。

4.2.8　相容性

减压调节器的非金属零部件按5.10规定的试验方法进行相容性试验后其体积变化率应不大于20%，质量下降率应不大于5%。

4.2.9　耐振性

减压调节器按5.11规定的试验方法经过6h振动试验后应满足4.2.3.1的要求。

4.2.10　耐干热性

减压调节器与天然气接触的非金属零部件按5.12规定的试验应运进行耐干热性试验后，其抗拉强度变化不应超过+25%，延伸率应为-30%～+10%。

4.2.11　温度循环试验

减压调节器按5.13规定的试验方法进行温度循环试验后，应能满足4.2.3的要求。

5　试验方法

5.1　一般规定

5.1.1　试验条件

除非另有规定，试验应在下述条件下进行：

a)试验环境温度为15～35℃；

b)试验介质应采用清洁的干燥空气或氮气。

5.1.2　试验用仪表要求

a)压力仪表：准确度不低于1.5级，测量量程为测量值的1.5～3倍；

b)流量仪表：准确度不低于1.5级，测量量程为测量值的1.5～3倍；

c）温度仪表：准确度为±0.5℃，最小分辨率不大于准确度的2倍（即1℃）。

5.2 外观检验

用目测法对减压调节器部件进行外观检验。

5.3 液静压强度试验

首先拆除卸压阀并将该处密封，堵住减压调节器出口，在入口处施加40MPa的压力，保持此压力不少于1min后检查减压调节器。经此项试验的部件不应再使用。

5.4 卸压阀性能试验

减压调节器卸压阀试验可在减压调节器上进行也可单独进行，气源入口通径应不小于减压调节器的进口通径。在减压调节器上进行，应拆除减压调节器各级减压机构，堵住减压器出口。在入口处施以规定的试验压力。

a）卸压阀入口压力为P_2的95%；

b）卸压阀入口压力为P_2的105%；

c）卸压阀入口输入压力为P_{RV}的气压使卸压阀完全开启，然后切断气源使卸压阀关闭完成一次循环，每个循环时间为3s，重复100次；

d）调节气源压力至P_{RV}，测量卸压阀排放流量Q_{RV}。

5.5 气密性试验

5.5.1 常温气密性

按5.5.1.1或5.5.1.2进行。

5.5.1.1 观察气泡法

a）将试样入口与供气管道相连；

b）堵住试件出口；

c）将试样浸入水中100～300mm深处；

d）各种气路控制装置正常工作状态，调节入口压力为30MPa；

e）至少观察1min，检查是否有气泡出现。

5.5.1.2 泄漏率测试法

堵住试件出口，试验气压从试件入口输入。试验气压升至30MPa压力后，测量泄漏率，测量时间不得少于1min。

5.5.2 高温气密性试验

将试件出口堵住，入口经截止阀连接到气压源上，在试件和截止阀之间安装压力计或泄漏率测试仪（压力计的压力范围应不低于1.5倍、不高于2倍的试验压力），将试件置入高温箱中，待温度升至120℃，向试件允入20MPa的试验气体并关闭截止阀，至少保持1min。观察压力计的显示值是否下降，或读取泄漏率数值。

5.5.3 低温气密性

将试件出口堵住，入口经截止阀连到气压源上，在试件和截止阀之间安装压力计或泄漏率测试仪(压力计的压力范围应不低于1.5倍、不高于2倍的试验压力),将试件置入低温箱中,待温度降至-40℃,向试件允入20MPa的试验气体并关闭截止阀,至少保持1min。观察压力计的显示值是否下降,或读取泄漏率数值。

5.6 额定流量测量

流量计可安装在减压调节器进气口或各级出气口。在减压调节器的进口处输入压力为20MPa的试验气体,反复调节被测减压调节器使其一级腔压力达到P_1、末级腔出口获得最大流量,此时从流量计上读出最大流量值。

5.7 耐用性试验

减压调节器应按表1规定的条件进行5万次耐用性试验后进行额定流量测量。

耐用性试验 表1

温 度	试 验 方 法
-40℃	将减压调节器置于低温箱中,调节温度为-40℃,试验中输入气体压力为20MPa,完成1000次工作循环进行低温气密性试验
室温	将减压调节器置于室温中(试验中输入气体压力为20MPa)完成48000次循环,试验每完成20%后应进行常温气密性试验
120℃	将减压调节器置于高温箱中,调节温度为120℃,试验中输入气体压力为20MPa,完成1000次工作循环,进行高温气密性试验

注:工作循环接通气源使入口压力达到规定的压力值时开启出口,形成稳定的出口流量后切断气源,待出口压力降至入口压力的50%以下时关闭出口,即完成一次循环,循环周期为10s±2s。

5.8 耐腐蚀性试验

5.8.1 按GB/T 10125中规定的中性盐雾试验方法,进行144h的盐雾试验后检查气密性。

5.8.2 将清除表面油污并使其保持最大工作应力状况(由机械装配和额定工作压力的气压产生)的黄铜部件,放入温度为35℃±2℃、容积为30L且内装有0.6L相对密度为0.94的含水氨水的封闭容器中,部件置于氨水表面上方40mm处,放置240h。

5.9 耐臭氧性试验

减压调节器与天然气接触的非金属零部件按GB/T 7762的规定拉伸20%后,置于臭氧浓度为$50 \times 10^{-8} \pm 5 \times 10^{-8}$、温度为40℃±2℃的臭氧室中,历时120 h,用2倍放大镜检查样件表面。

5.10 相容性试验

减压调节器与天然气相接触的非金属零部件,在23℃±2℃的正戊烷或正己烷中浸泡72 h,在温度为40℃的空气中放置48h后,检查其体积变化率及质量变化率。

5.11 耐振性试验

a)将试样可靠地固定在振动试验台上;

b)将频率设定为17Hz,振幅设定为1.5mm;

c)在3个互相垂直的方向各振动2h;

d)按5.5规定的方法检测其气密性。

5.12 耐干热性试验

减压调节器与天然气接触的非金属零部件试件,在温度为120℃ ±2℃的空气中暴露168h后,按GB/T 528规定的方法检查其抗拉强度和延伸率的变化。

5.13 温度循环试验

减压调节器温度循环试验,在最大工作压力下(试验中输入气体压力为20MPa),从最低工作温度(-40℃),交替循环,一个循环周期时间为120min,在96 h温度循环试验后进行气密性试验。

6 检验规则

6.1 检验项目见表2。

6.2 出厂检验。

产品出厂前应按表2规定项目进行逐只检验。

产品出厂前检验项目 表2

序号	检验项目		检验方法	判定方法	出厂检验	型式检验
1	外观检验		5.2	4.1.1、4.1.5	√	√
2	液静压强度		5.3	4.2.1		√
3	卸压阀性能		5.4a)	4.2.2a)	√	√
			5.4b)	4.2.2b)	√	√
			5.4c)	4.2.2c)		√
			5.4d)	4.2.2d)		√
4	气密性试验	常温	5.5.1	4.2.3.1	√	
		高温	5.5.2	4.2.3.2	√	
		低温	5.5.3	4.2.3.3	√	
5	额定流量测量		5.6	4.2.4	√	√
6	耐用性		5.7	4.2.5		√
7	耐腐蚀性		5.8	4.2.6		√
8	耐臭氧性		5.9	4.2.7		√
9	相容性		5.10	4.2.8		√
10	耐振性		5.11	4.2.9		√
11	耐干热性		5.12	4.2.10		√
12	温度循环		5.13	4.2.11		√

注:"√"表示检验项目。

6.3 型式检验。

有下列情况之一时,减压调节器应按表2规定的项目进行型式检验。对新设计的产品还应按4.1的要求进行产品设计审查。

a)新设计或设计参数、工艺、材料有重大变更时；

b)停产半年以上，重新恢复生产时；

c)连续生产满1年时。

6.4 经检验或试验合格后的试件，若检验项目会影响其使用性能或使用寿命者，不能作为合格产品出厂。

7 标志、包装、运输及储存

7.1 标志

减压调节器的壳体上应有永久性标记，标记应清晰。标记应包括以下内容：

a)制造厂名称或商标；

b)产品型号；

c)“CNG”标记；

d)公称工作压力；

e)生产批号和日期。

7.2 包装

7.2.1 产品的包装应保证搬运过程中不被损坏。

7.2.2 产品的包装箱内应附有产品合格证、使用说明书及必要的装箱清单。包装箱上应标有下列内容：

a)制造厂名；

b)产品型号和编号；

c)数量和毛重；

d)出厂日期；

e)外形尺寸(长×宽×高)；

f)搬运注意事项。

7.3 运输及储存

7.3.1 产品装运时，应轻装轻放，防止重压及碰撞，严防雨淋及化学品的侵蚀。

7.3.2 产品储存在通风、干燥、清洁的室内。

8 出厂文件

出厂文件包括产品合格证、装箱清单及产品使用说明书。

8.1 产品合格证应注明的内容

a)制造厂名和商标；

b)产品型号和编号；

c)检验部门和签单及检验日期。

8.2 装箱清单

当包装箱内另有减压调节器以外的附件(如接头、专用工具等)时，应附装箱清单。

8.3 产品使用说明书

说明书按 GB 9969.1 进行编写，并特别要说明以下内容：

a）减压调节器的结构形式、功能介绍；

b）使用过程中的故障差别及排除方法。

天然气汽车和液化石油气汽车标志

GB/T 17676—1999

1 范围

本标准规定了压缩天然气汽车、液化天然气汽车、吸附天然气汽车和液化石油气汽车的识别标志。

本标准适用于可燃用压缩天然气、液化天然气、吸附天然气和液化石油气的各种类型的汽车。

2 引用标准

GB/T 3181—1995《漆膜颜色标准》。

3 识别标志

识别标志应清晰、醒目、防水、防腐。

3.1 图形

3.1.1 天然气汽车

天然气汽车标志图形为有边框的菱形，在图 1 ~ 图 3 所示的 $d \times e$ 方框中分别居中匀称地布置有大写印刷体英文字母“CNG”、“LNG”、“ANG”。

压缩天然气汽车标志图形如图 1 所示。

液化天然气汽车标志图形如图 2 所示。

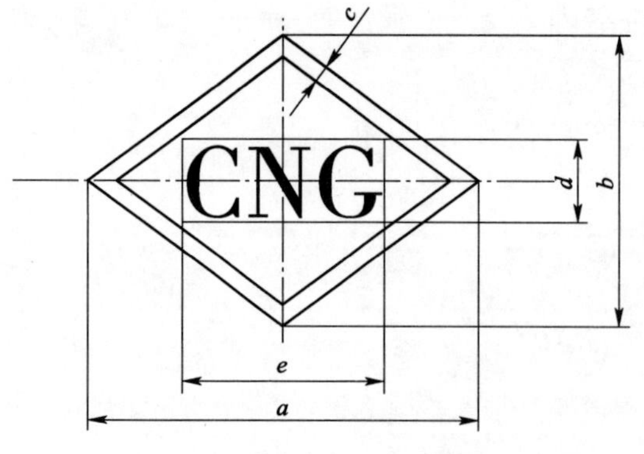

图 1 压缩天然气汽车标志图形

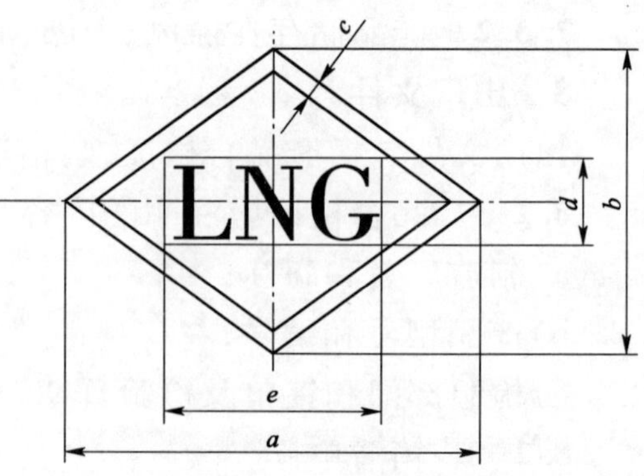

图 2 液化天然气体车标志图形

吸附天然气汽车标志图形如图 3 所示。

3.1.2　液化石油气标志图形

液化石油气汽车标志图形为有边框的菱形，在如图 4 所示的 $d \times e$ 方框中居中匀称地布置有大写印刷体英文字母“LPG”。

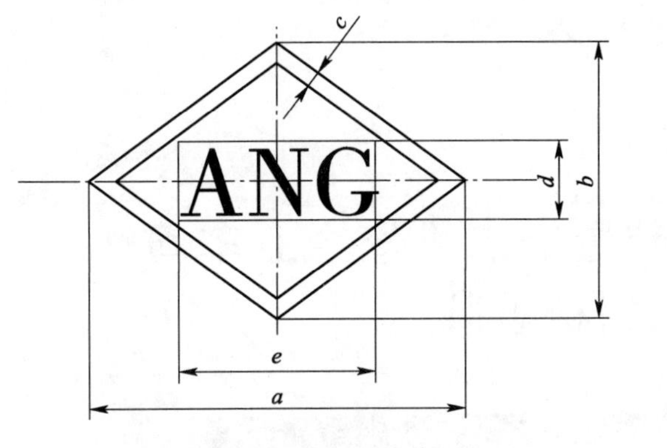

图 3　吸附天然气汽车标志图形

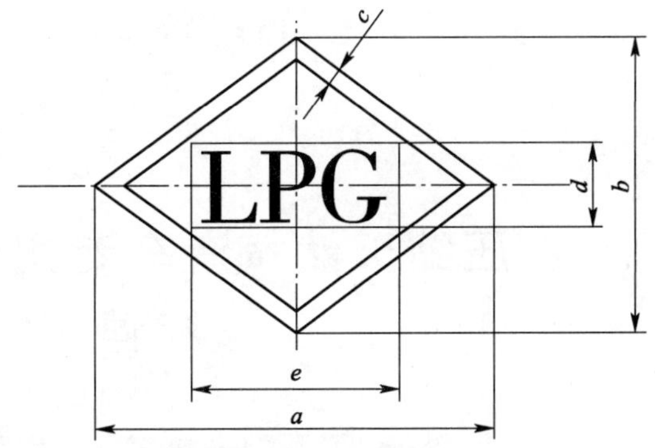

图 4　液化石油气汽车标志图形

3.2　尺寸

标志图形中几何尺寸见表 1，字母高度尺寸 d 为 25mm。允许图形和字母尺寸按比例放大。

标志图形几何尺寸(单位:mm)　　表 1

a	b	c	d	e
110	80	4	25	60

3.3　颜色

标志图形颜色见表 2。

标 志 图 形 颜 色　　表 2

标 志 图 形	CNG、LNG、ANG 汽车	LPG 汽车
字母背景	乳白(Y11 GB/T 3181—1995)	淡绿(G02 GB/T 3181—1995)
字母	淡绿(G02 GB/T 3181—1995)	乳白(Y11 GB/T 3181—1995)
边框	淡绿(G02 GB/T 3181—1995)	乳白(Y11 GB/T 3181—1995)

3.4　位置

该标志应在车辆的前端醒目位置和车辆后端醒目位置放置。

附录三　相关标志

压缩天然气汽车专用装置定点维修企业车间和停车场的标志牌